韓国人が書いた

韓国の大統領はなぜ悲劇的な末路をたどるのか?

黄成京
Hwang Sungkyung

彩図社

はじめに

韓国の大統領は悲劇的な末路をたどると言われる。

確かに今のところ、韓国で大統領を務めた人の中に、余生を家族とともに無事平穏に暮らしたという人はいない。

政治家にとっては、国家の最高権力にまで登りつめることは最高の夢だろうが、韓国という国では最高権力を握った者が例外なく悲劇的な最期を迎えてしまうのだ。

李承晩（イスンマン）：強制辞任させられた後、亡命、客死する
尹潽善（ユンボソン）：軍事クーデターにより強制辞任させられる
朴正熙（パクチョンヒ）：部下に暗殺される
崔圭夏（チェギュハ）：軍事反乱により強制辞任させられる
全斗煥（チョンドゥファン）：軍事反乱、民主化運動の流血鎮圧、不正蓄財等の罪で死刑判決を受ける
盧泰愚（ノテウ）：全斗煥と同じ罪状で実刑を受ける

はじめに

金泳三(キムヨンサム)：息子が逮捕・実刑を受ける
金大中(キムデジュン)：3人の息子が逮捕・実刑を受ける
盧武鉉(ノムヒョン)：妻の収賄容疑の捜査中に自殺を遂げる
李明博(イミョンバク)：任期後に収賄容疑で逮捕され、現在も裁判中
朴槿恵(パククネ)：任期中に罷免され、現在も裁判中（20年以上の懲役刑等が予想される）

なぜ皆そろってこのような最後を迎えるのだろうか？

この疑問について、韓国に住む韓国人である筆者はその原因を詳しく知っている。そのすべてをまとめたのが本書である。


日本のネット上では、「韓国人は凶暴だから、前任の権力者に復讐を繰り返しているのだ」という意見もある。

もちろん、指導者が犯罪を犯したことに対して憤慨するという国民性も理由の一つだろう。だが、調べてみると、もっと根本的な問題があることに気付く。

それは、大統領の権力が限りなく大きいということだ。

あなたは映画『指輪物語（The Lord of the Rings）』を見たことがあるだろうか。世界を制覇することもできる無限の力を持つ指輪を奪おうとする勢力と、それを止めようとする主人公たちの間で起こる話である。指輪の絶大な力は、善良な主人公さえ誘惑した。

筆者が見たところ、韓国の大統領が持つ権力は、その最強の指輪に例えられるほどの力を持っている。そしてその事実が、彼らを堕落させる原因の一つだと考えられる。

韓国の近代史は、民主主義を求める人々の戦いの記録でもある。人々の民主主義への渇望は、初代大統領である李承晩の時代から常にあった。その要求を無視して自分の権力を永続させようとした大統領は没落した。民主主義のプロセスを無視して、武力で権力を奪った大統領も没落した。

大統領の周囲の人々がその権力を利用して私利私欲に走ったケースもある。そのうちの一人は、自殺した。

幼い頃から権力の甘さを味わい、そのままモラルのない大統領となってしまい、権力構造そのものを揺るがした人物もいる。

どれも、強大な権力を持たなければできないことだ。ことが起こるたびに韓国の人々は権力と戦ってきたが、それはまるで指輪の魔力と対峙するホビットの姿のようである。

はじめに

ただ、多くの大統領は国家の発展に重要な業績も残している。彼らの末路の理由について知るためには、彼らの功績も知る必要がある。それらの功績が悲劇の原因になっている場合もあるからだ。

なお、前述の歴代大統領の中には韓国人でさえよく知らない人物もいる。尹潽善と崔圭夏は任期も短く存在感も薄いので、本書では軽く紹介するにとどめている。それ以外の、初代大統領である李承晩から現役の文在寅大統領までを網羅した。

韓国の大統領がなぜ悲劇的な末路をたどるのか、またそれが韓国の大統領の権力とどのような関係があるか、本書を読んでもらえれば分かっていただけると思う。

もくじ

1章　国民により強制辞任させられた　李承晩

2章　部下に射殺された　朴正熙

3章　死刑宣告を受けた　全斗煥

4章 数々の罪で実刑を受けた 盧泰愚

5章 息子が逮捕された 金泳三

6章　3人の息子が逮捕された　金大中

7章　自殺をとげた　盧武鉉

8章　数々の容疑で逮捕された　李明博

9章　任期中に弾劾・罷免された　朴槿恵

10章　南北和解に邁進する　文在寅

1章

国民により強制辞任させられた

李承晩（イスンマン）

(1875-1965)

大韓民国臨時政府大統領
大韓民国第１～３代大統領
（在任期間：1948～1960）
民主化を要求するデモにより
強制的に辞任させられた後、
ハワイに亡命しそのまま死亡する

初代大統領の2つの業績

李承晩は大韓民国の初代大統領だ。

とはいえ、韓国の一般の人々にはあまり知られていない。もちろん彼の存在さえ知らないという人はいないが、彼が何をしたか、なぜ失脚したのかを知る人は当時を生きた高齢層に限る。若い人は李承晩にまったく関心がない。

にもかかわらず、彼の存在は今でも多くの影響を与えている。なぜなら、韓国政治の最大の変数と言われる反日思想と反共思想は、彼によって韓国社会に根付いたからである。

もちろんそれが当時の形のまま今まで続いているわけではない。

例えば反日思想は、李承晩時代には大日本帝国からの独立以後に韓国社会が団結するために利用されたが、今では在韓米軍の撤収と北朝鮮との統一を望む左派勢力により利用されている。これは李承晩も予測していなかった展開だろう。

韓国の初代大統領となった李承晩には、重要な業績が二つある。

一つめは、韓国が共産化するのを防いだことである。

第二次世界大戦が終わり韓国が解放された後、朝鮮半島の北では左派勢力とソ連の影響力が強く、南は左派と右派の勢力が拮抗していた。

当時、北朝鮮の金日成（キムイルソン）は金九（キムグ）などの名高い韓国の政治家を抱きこんで利用していた。李承晩は、「このような状況で統一政府を立てれば朝鮮半島全体が共産主義国家になる」と考え、資本主義に基盤を置いた単独政府を南に立てた。

これは優れた戦略だったと思われる。もし李承晩がいなかったら、今ごろ韓国全域は金正恩（ジョンウン）によって統治されていたかもしれない。

二つめは、１９５３年にアメリカと米韓相互防衛条約を締結したことである。

大統領就任演説を行う李承晩

このことが重要な理由は、これがなければ、現在の韓国は繁栄どころか存在することさえ不可能だったかもしれないからだ。

現在は韓国の力が北朝鮮より優勢で、北朝鮮の経済はほとんど破綻したような状態だが、１９８０年代までの状況は違った。当時は軍事力・経済力ともに北朝鮮が韓国をはるかに上回っていて、北朝鮮はかなり派手な政治活動を展開していたのだ。

例えば、朝鮮半島の赤化統一のために武装共産軍を韓国に送り込んだり、のちに大統領となった全斗煥（チョンドゥファン）を殺すために「ラングーン事件」（73ページ参照）と呼ばれる爆弾テロを起こしたりしていた。もし米韓相互防衛条約がなければ、韓国が北朝鮮の挑発に耐えることができたかは疑問である。

つまり李承晩の業績は、資本主義体制と親米という、現在の韓国の基本フレームを作ったことであると言える。

そのため、今日の韓国での李承晩に対する評価は、政治思想によって大きく違う。右派は李承晩を「建国の父」と呼び美化する一方、左派は李承晩を評価する価値のない人間だと考えている。「朝鮮戦争を止めることもできなかった無能な大統領がどうして建国の父と称賛されるのか」というわけである。

これは少々不当な評価かもしれない。朝鮮戦争は北朝鮮がソ連と中国のサポートを受けて起こした、アメリカさえもが苦戦した戦争だったからだ。

今振り返れば、李承晩が資本主義を基盤にして政府を立てたことは当然だと言うこともできるが、当時の政治家は国際情勢に暗い人が多く、社会主義者の勢力が強い時代だった。

その中で李承晩はアメリカの大学で学び、西洋人と結婚した人物である。国際感覚も優れていて、レベルの高い戦略的マインドを持った政治家だった。

12年間の独裁体制と没落

もっとも、統治方法を見ると、民主的とは言いがたい部分が多い。

李承晩が大統領だった期間は1948～60年と長く、初代から3代目までの大統領を務めている。韓国では直接選挙によって大統領を選ぶ。この就任期間を見るとかなり人気があったと思うかもしれないが、これは自分が権力を握るために憲法を意のままに書き換えたからこそ可能だったことである。1952年に1度目の改憲を行い、1954年には大統領再任制限の廃止という2度目の憲法改正を行ったことで3度の再任が可能だったのだ。

これらのために李承晩が使っていたのは「政治暴力団」と呼ばれる組織である。彼は「民族自決団」や「白骨団」のような暴力団を使って国会を脅迫したり、野党の国会議員50人が乗ったバスを軍人たちを使って強制連行したり、10人の国会議員を共産党と関連があるという嫌疑で拘束するなどした。

政治暴力団は国家権力を背景にした犯罪集団だったため、人々の恐怖の対象だった。当時は、銃で武装した暴力団が活動するほど治安が乱れていた。特に「民族自決団」は「民族自殺団」にも見える名前だから、もっとも恐ろしい雰囲気を持つ。

このような状況で、国民の不満が強くなり、国会にも李承晩の味方はいなくなった。

しかし李承晩は無理矢理でも再選されるために、１９６０年3月、4代目の大統領を選ぶ選挙に出馬した。

結果は彼の当選だったが、これが彼の没落のきっかけにもなった。選挙の直後に、結果が操作された不正選挙だったことが知られたからだ。

すると、大学生や高校生が中心になって選挙の無効を要求する民主化デモが起こった。今では想像できないが、当時は高校生がデモに参加することも一般的だったのだ。

そして、デモが始まった3月15月、デモに参加した1人の高校生が失踪する事件が起こる。彼は失踪した27日後の4月11日、左の眼に催涙弾が刺さった状態で海に浮かんで発見された。

この事件が新聞で報道されると、民主化デモは全国に波及し、4月19日にはデモ隊が大統領の官邸にまで進撃する事件が起こる。

最初は軍も政府の命令により銃を使って鎮圧したが、そのうちに命令に従わなくなった。民主化運動が全国に及んだ状態では、武力を使った鎮圧は意味がないと判断したのだ。

こうして李承晩は権力を維持することができなくなり、辞任を余儀なくされた。彼の独裁は12年で幕を閉じたのである。

これが「4・19革命」だ。韓国の歴史上、初めて市民が独裁政権を崩壊させた革命である。

李承晩の大統領辞任演説の、「国民が願うなら」という最初の一言は有名である。

しかし、独裁者がみずから辞任したのは、そうするしかなかったからである。

李承晩およびその政府で権力を握った人たちは、権力を握り続けるために憲法を勝手に変えたり、武力で野党を弾圧したりした。しかし当時は国民の民主主義への熱望が高まっていく時代で、それを無視して地位にしがみつこうとしたのが彼の没落の原因だった。

大統領を辞任した後、李承晩は早々にハワイへ亡命し、そのまま客死した。国民によって権力をすべて剥奪され、祖国から追われたまま命を落とすという最期は、人としても政治家としても悲劇的だと言えるだろう。

反日感情の政治利用

この章で書いておきたいのが、反日感情についてである。

韓国社会の反日感情はなかなか簡単には説明できない。一般の人は日本に特に抵抗感を持ってはいないが、左翼の市民団体や政治家たちは日本への憎悪を高めるために必死のアピールを続けている状態だからだ。

そして李承晩は、国民を団結させるために反日感情を政治に利用した最初の大統領だった。当時の韓国は大日本帝国から解放された直後で、国民の脳裏にも日本統治時代の記憶が鮮明だったため、それが可能だった。

日本統治時代には、韓国人に対する差別と貧富の差が大きかった。特に日本軍が戦争で不利になっていく時期には収奪も酷くなったという。娘を持った親は、娘が適齢期になるとできるだけ早く結婚させることが多かった。慰安婦とされる女性は未婚女性に限ったからだ。

この話は、日本統治時代に若い頃を生きた私の祖母からも直接聞いた。１９２１年生まれの祖母は結婚する前、危険を回避するために顔に灰や泥などを塗って、できるだけ汚く、老けたように見える姿で外出したという。

このようなことは全国で行われていたか、それとも一部の地域に限ったことかは不明だ。もしかするとソウルのような大都市ではなく、地方で行われていたことなのかもしれない。

もう一つ祖母の記憶を紹介すると、いきなり日本の軍人が家に乱入してきて、家の中のすべての金属類を奪っていったことがあるという。釜がなくなりご飯を作ることができず、ひもじい思いをしたという。

いつ起こったことなのかはっきりしないが、おそらく戦争末期だと思われる。日本軍は金属などの物資不足に陥り、民間人が持つ金属を奪ったのだろう。

これらから分かるのは、祖母の日本統治時代の記憶は非常に暗くて恐ろしいということである。軍隊が個人に何をしても抵抗することができない社会は不安で恐ろしい。1950年代の韓国に民主主義への渇望があり、結果的に李承晩を大統領の椅子から引きずり下ろしたのも、軍が支配する社会を人々が経験していたためだったと思われる。

韓国の反日感情について、〝実は日本統治時代は良かったが、長い時間が経過したことで記憶が歪曲して反日感情が生じた〟と主張する人もいるが、実際はその逆だ。反日感情がもっとも強かったのは1945年の解放直後で、時間が経つにつれて緩和してきたと見るのが正しい。

このような、植民統治時代を直接経験した世代が持った反日感情を、李承晩は政治に利用した。韓国は1965年まで日本と国交を結ばず、1998年まで日本文化の流入を禁止していた。現在まで続いている竹島問題も李承晩が始めたことである。

「アジアで反共のために日本と連合する必要がある」とアメリカの国務長官が提案すると、李承晩は「韓国人はソ連よりも日本により大きな不安を感じる」と答えたという逸話もある。それほど李承晩政府の反日路線は一貫していたのだ。

反共も政治に利用する

李承晩時代から続く統治手段としては、「反共」、つまり共産主義に対する憎悪を煽るという方法もある。

反共は当時の人々が北朝鮮による侵略、朝鮮戦争を経験した世代だから、非常に効果的だった。

さきほど登場した私の祖母は、朝鮮戦争も直接経験している。

朝鮮戦争が勃発した時に29歳だった祖母は、また顔に灰や泥を塗って、8歳と2歳の子供を連れて南の方へ避難の旅を始めた。顔を汚した理由は昔と同じで、悪さをされないためだ。目的地があるわけではない。北の方から北朝鮮軍が侵略してくるから、ただ南の方へ逃げた。

避難民の行列は非常に長かった。途中で米軍の行列と一緒に歩くこともあった。幼かった私の母は祖母に背負われていたが、その時、隣を歩いていた一人の若い米軍兵が、母が可哀想に見えたのか、自分のチョコレートをくれたという。

当時を生きた人の証言をいろいろ聞いてみると、米軍兵の多くは、若い頃に外国に派兵されて命をかけて戦った普通の青年だった。中でも「興南(フンナム)撤収」は米軍が危険をおかして韓国人避難民を救出した奇跡的な事件で、『国際市場』という映画を通じてよく知られている。

しかし現在の左派は、米軍が戦争時に韓国人を虐殺したという話をして、アメリカについて否定的な認識を植え付けようとしている。

反日と反共は理由もなく生じたことではない。愚かな大衆が政治家やマスコミに扇動されたり騙されたりして生じたことでもない。もともとは当時を生きた人々の実際の経験から生まれた、とても人間的な感情だった。

しかし時間がたつにつれて、反日と反共は政治に利用され始めた。反共は右派により、反日は左派により利用され始めたことで複雑化していったのだ。

ここで説明した反日と反共は、のちの韓国の政治と社会の葛藤を理解するための重要な要素になる。李承晩から少し離れて、以後の大統領について話す前に説明したのはそんな理由である。

次は朴正熙について、悲劇的な最期とその原因について書いてみよう。

2章

部下に射殺された

朴正熙（パクチョンヒ）

（1917 –1979）

大韓民国第５～９代大統領
（在任期間：1963～1979）
軍事クーデターで権力を掌握し
16年間独裁を続けたが
在任中に部下の手で暗殺される

16年間大統領を務めた男

歴代大統領の中でも、朴正熙はひときわ存在感がある。李承晩の存在感が薄いのは朴正熙のせいだと言えるほどだ。

彼への評価も、右派と左派で大きく異なる。

彼は右派の政治家なので右派の人々からの評価は高いが、左派には「民主主義を無視して終身大統領になろうとした彼は、北朝鮮の金日成とどこが違うんだ?」と考える人が多い。特に近年の若者には人気がない。

にもかかわらず、左派政治家として朴正熙に批判的だった盧武鉉(ノムヒョン)も、「外国に行くと、韓国大統領といえば朴正熙の話しかしていない」と、彼の名声を認めていた。彼の功績だけは左派も認めているのである。

その功績とは、農業中心だった韓国の産業構造を重工業中心に改革し、飛躍的な発展を遂げさせたことだ。

朴正熙時代の経済統計、特に輸出実績を見ると、その成長の速度はまるで奇跡のようだ。

1963年に初めて農産物の輸出に成功した後、翌年には1億ドル、1970年には10億ドルの輸出を達成した。このため、〝朴正熙がいなかったら今日の韓国の経済発展はなかった〟という見解が多い。

在任期間は１９６３年12月から１９７９年10月までで、５～９代の大統領職を務めた。かなりの長期間だが、これは李承晩と同じく、彼が自分の任期を長くするために憲法を修正したために可能になったことだった。

修正された憲法は「維新憲法」と呼ばれ、民主主義の基本である三権分立を無力化し、一生大統領を続けることができるという内容だった。だから、もし彼が部下に殺されるという結末を迎えなければ、北朝鮮の金日成（キムイルソン）や金正日（ジョンイル）のように死ぬまで韓国を統治し続けただろう。

共産主義のスパイになる

朴正煕は、韓国が大日本帝国の統治下にあった１９１７年11月に生まれた。彼の父は農民だったが、階級の低い軍官だったという経歴がある。

父の影響なのかは分からないが、朴正煕は幼い頃から軍人になりたかったという。

ある日、まだ幼い朴正煕の部屋に友人が遊びに行くと、壁にぽっこりと腹の出た西洋の軍人の絵画が掛けられていたという。

「このおやじは誰？」

友人が聞いたところ、それはナポレオン・ボナパルトの肖像画だった。朴正熙は幼い頃からナポレオンに憧れていて、その絵を壁に掛けていたのである。

しかし、若い頃の朴正熙は、幼い頃の夢とは異なる道を歩んでいた。

最初の職業は教師だった。当時は大日本帝国の統治下で、韓国人教師への差別があったため不満を持ち、満洲軍に入隊しようとしたが、年齢制限のせいで断られた。彼はあきらめず、軍人になるために満州国陸軍軍官学校に入学して、優秀な成績で1944年に卒業し、その年の3月には満州国軍少尉に任官した。

年度を見るとタイミングが悪いと思うかもしれない。1945年8月15日の終戦まで間もないからだ。

当時からすでに多くの人は大日本帝国の敗北を予測していたようだ。知人の証言によると、朴正熙も「いずれ大日本帝国が滅び、韓国が独立すると予測している」と語っていたという。

ではなぜ彼が大日本帝国の軍人になったのかといえば、日本の敗戦後に向けて準備していたからかもしれない。日本の敗戦の後、混乱期の韓国では軍人にチャンスがあると考えられるからだ。

この頃の彼が日本の天皇に忠誠を誓い、日本軍将校として勤めていたという経歴は、現在多くの左派が批判するところである。〝自国の独立のために満州で戦っていたレジスタンスを虐殺する役割にあった人に、韓国の大統領になる資格があるのか〟という批判だ。

それに対しては、〝彼が生まれた時には韓国はもう大日本帝国の占領地だったから、当時の人はそれ以外の体制を考えることができなかったのだ〟という反論もある。就職のためにはそれ以外の案がなかったというわけだ。

ただ、大日本帝国の敗北は彼の予測より早かったのかもしれない。彼は日本の敗戦後、満州でソ連軍に捕らわれてしまった。かろうじて逃げ出し韓国に戻ることはできたが、財産は何も残っていなかった。

そこで軍人の経歴があった彼は韓国軍に入って、砲兵の少尉になった。


この時期、彼は信じられないことをする。

軍人として働きながら外部の共産主義者たちと協力し、反政府共産主義者のスパイとして活動しながら韓国政府を転覆する計画を立て、それを実行したのだ。

1945年の終戦以後、韓国の左翼たちはソウルで政党を設立して活動していた。この頃に作られたのが「南朝鮮労働党」略して「南労党」で、朴正熙はこの南労党の内部でスパイとして活動していた。

当時は、彼だけでなく多くの人が南労党のスパイとして活動していた。軍の内部で政府を転覆しようとうごめくスパイが大勢いるほど、終戦後の韓国社会はめちゃくちゃだった。

朝鮮半島の北の地域では共産主義者が圧倒的に優位で、南の地域では共産主義者と資本主義者の勢力が互角だった。結果的に南に設立された政府は資本主義政府だったが、共産主義者はその政府を倒して共産主義政府を樹立することを虎視眈々と狙っていた。

朴正煕は脆弱で無能な南の政府を見て、この政府は長く続かないと思ったのかもしれない。出世のためには、混乱期に共産主義者と協力するくらいは大したことでもないと思ったのだろう。

１９４８年10月、軍の内部の共産主義者たちは「麗順(ヨスン)反乱事件」と呼ばれる内乱を起こす。反乱軍により警察と民間人が犠牲になると、韓国軍は米軍と一緒に武力で内乱を鎮圧した。その過程でも多くの民間人が犠牲になった。最初は反乱軍が民間人を殺していたが、鎮圧の過程で、鎮圧軍により６０００人以上の民間人が殺された。

この事件をきっかけに、李承晩政府は軍の内部から南労党のスパイを排除するために多くの人に死刑を宣告する。朴正煕もスパイ活動がばれて、１９４８年11月、死刑を宣告された。しかしここで朴正煕は、３００人の同僚が逮捕される証拠を提供して、代わりに死刑を免れるのである。

親日派から反日主義者に、共産主義のスパイから反共主義者になったという彼の極端な転身を見ると、彼には主義や信念と言えるものがまったくなかったことが分かる。そして、自分が生き残るために数多くの同志を裏切った。彼はただの御都合主義者なのである。

日本統治時代には貧富の差が大きかったため、共産主義を支持する人は韓国の中にも多かった。もし朝鮮半島の南も北と同じように共産化されていたら、朴正熙は南労党の幹部として出世していたのかもしれない。

クーデターによる権力掌握

一般的な韓国人の中にも、朴正熙は李承晩の次の大統領だと思っている人が多いが、実は李承晩の次の大統領は朴正熙でなく、尹潽善（ユンボソン）という人物だった。任期が短く、存在感もないので多くの人から忘れられているだけだ。

第４代大統領・尹潽善

李承晩が１９６０年の４・19革命に屈服して辞任した後は、民主党（現在の「共に民主党」の前身）が政権の座につき、民主党のトップだった尹潽善が大統領になった。同年8月のことである。

ところが翌年の5月16日、朴正熙は他の陸軍将校たちとともにクーデターを起こし、そのまま権力を掌握した。このために尹潽善は実権を失ってしまう。

このクーデターは「5・16軍事クーデター」と呼ばれ、朴正熙、全斗換（チョンドゥファン）、盧泰愚（ノテウ）と繋がる32年間の軍事政権の始まりとなる。

当時の韓国軍は朝鮮戦争のために大規模な組織になっていたが、政府の財政が良くなかったため軍人への待遇は最悪だった。月給だけでは生活ができなかったので、軍の内部には腐敗、物資の横領、賄賂などがはびこっていた。

当時の軍は戦争を経験した組織だったため優秀な将校が多かったが、このような状況では皆が不満と挫折を感じざるをえなかった。戦争で肥大化した軍の組織内で昇進ができなくなったことへの不満も多かった。

特に朴正熙はスパイの経歴があるせいで絶対に昇進できない立場だった。なぜ彼をクビにしなかったのか理解できないかもしれないが、当時は社会主義者が多すぎて、全員を根絶することができなかったと理解すればいいだろう。

政府が軍によって占領されると、尹潽善は辞任しようとしたが、クーデターを起こした軍人たちはすぐに辞任しないよう要求した。そのため彼は１９６２年3月まで、実権のまったくない大統領として就任し続けた。

最初は、アメリカと在韓米軍はクーデターに反対したが、革命軍はもう政府をすべて掌握した後だった。もし尹潽善が就任直後から軍部の改革を行っていれば結果は違ったかもしれないが、軍に掌握されてしまっては出来ることはもうない。朴正熙が比較的簡単に権力を握ることができたのは、当時の軍が強い組織だったという理由もあるが、尹潽善の無能ぶりにも原因があると言える。

クーデターの２年後の１９６３年10月には大統領選挙が行われ、朴正熙はそれに勝利して第５代大統領となった。

尹潽善もこの選挙に出馬し朴正熙に挑んだが惜敗した。その後も彼は野党政治家として活動を続けたが、１９９０年に死去している。

軍事政権として安定的な発展を始める

結局、当時の韓国社会の混乱を鎮めたのは、朴正熙による軍事独裁政府だった。

クーデターを成功させた朴正熙は、全国のすべての政治家たちの活動を１９６２年12月31日まで全面的に禁止した後、約１２００種の新聞や雑誌を全部廃刊させた。

そして7月3日に「人身拘束特例法」を公布して、体制に反対していると疑われる人物を逮捕令状がなくても拘束・捜索することができるようにした。彼が43歳の時だった。

また、李承晩の任期中は、政治家たちと結びついている暴力団が一般国民の恐怖の対象になっていたが、朴正熙が大統領になると、その暴力団を弾圧した。根絶したとまでは言えないが、暴力団のボスを検挙して死刑にしたのは朴正熙政府が初めてだった。現代の韓国社会にはちゃんとした暴力団が存在しないが、それは軍事独裁政府の功績なのである。

これはアイロニーである。〝まるで、国の中で一番大きな暴力団のボスが大統領になった後、他の暴力団を全滅させたのと同じじゃないか〟と冷笑する人もいる。

しかし、32年間の軍政下で社会は安定して、経済は急速に発展した。１９４５年の解放後から国民の民主化への要求が強かったことは前述した通りだが、それにもかかわらず32年という長い時間軍を統治できたのは、それらの功績もあったからである。

朴正熙の就任は独裁政府の始まりだったが、戦後の社会の安定と経済発展が始まった時でもあったのだ。

日本からの借款を権力掌握に利用する

朴正熙が当選後真っ先に行ったのは、日本との国交正常化だった。公式名称は「日本国と大韓民国との間の基本関係に関する条約」だが、韓国では普通「韓日基本条約」と呼ぶ。

これは朴正熙が大統領になる前から推進され、1965年に締結されたもので、日本の韓国に対するすべての法的賠償責任を終わらせるのと同時に、浦項（ポハン）製鉄（後のPOSCO（ポスコ））を設立する資金などの、韓国の製造業に必要な資金の提供を決めた条約でもある。

日本が提供したのは、独立の祝い金という名目の無償の約3億ドル、対外経済協力基金借款2億ドル、そして民間商業借款約1億ドルだった。

岸信介と握手する朴正熙（右）

この条約を結ぶにあたっては、アメリカの影響が大きかった。冷戦時代、ソ連と対立していたアメリカは韓国を発展させて貧困から脱却させることで、共産主義の拡散を止めようとしたからだ。当時の国際情勢と外交により結ばれたのがこの条約だと言える。

当時は韓国内の反日感情が強かったため、マスコミは〝この条約は日本の植民地支配に対する反省のない屈辱的な条約だ〟と強く批判した。

大学生たちは条約に反対する大規模デモを行った。この時大学生だった李明博（イミョンバク）は、デモに参加したために監獄に収監されている。

日本のマスコミは李明博が大統領候補だった時（２００７年）、彼が保守派の候補として、進歩派（左派）の候補より親日だと報道したことがあるらしいが、事実はそうではない。

韓日基本条約は、日本の立場からは過去の問題を解決するためのもの、そして韓国の立場からは経済発展に役立てるためのものだったと見ることができるが、結果的には以後の日韓関係を悪化させる原因になる。

強制徴用の被害者に与えられなければならないお金が大企業の設立や横領などでなくなり、被害者がまったく賠償を受けられなかったためだ。

「賠償はもう済んだはずなのに、なぜまだ要求するの？」という日本の疑問も理解できるが、被害者が賠償を受けなかったのも事実だ。

結局、今の日韓関係を悪化させたのは、賠償金を勝手に使った朴正熙政府なのだ。

似たようなことはベトナム戦争の時にも起こった。

朴正熙は１９６５年、ベトナム戦に数多くの韓国軍兵士を派遣した。

当時、韓国軍の派兵は米軍の要請で行われ、アメリカは参戦した韓国の軍人にかなり高額の給料を支払った。アメリカとの派兵条件合意書には１ヵ月に５００ドルを支給することとなっていた。

しかし、実際に兵士たちがもらったのはたった50ドルだった。

残りの４５０ドルはどこに行ったのだろうか?

これに対してはまだ調査が行われていないが、朴正熙のスイスの銀行の口座に入っていると推測されている。なぜなら、当時の海外からの借金や援助金の一部が朴正熙の口座に入っていたことが、アメリカ下院の公式報告書に記録されているからである。

米下院国際関係委員会が１９４５年から１９７８年までの米韓関係を調査した公式報告書を、委員長の名前を取って「フレイザー報告書（Fraser Report）」という。

この報告書によると、朴正熙は海外から入ってきた借款や投資金の10~20%を横取りする違法行為を常習的に犯していたという。ベトナム派兵の戦闘手当が１人あたり５００ドルと書いたが、朴正熙はその90%を横領したのである。

朴正熙が主に利用した銀行はスイス最大の銀行であるユニオンバンクだったことが知られている。口座の一部は仮名で、一部は李厚洛（イフラク）などの側近の口座だった。

このように、朴正熙時代の腐敗は非常に深刻な水準だった。

韓国に借款を仲介したユダヤ人金融ブローカーは「韓国の官僚は、10万ドルが自分の懐に入るなら、国家に１０００万ドルの損害を与えても印を捺す」と回想したという。権力さえあれば、国家の重要事項を思うままに決めて、その代価で天文学的なお金を着服することができたのだ。

朴正熙の側近だった李厚洛は、のちに朴正熙が暗殺された後、不正蓄財で連行されたが、調査の結果、彼の資産は約194億ウォンだったとされる。これは現在の価値に換算すると1000億円程度になる。側近の不正蓄財がこの額なのだから、朴正熙自身の不正蓄財がどれくらいなのか、見当もつかない。

これほど巨大な規模の腐敗にもかかわらず朴正熙が経済発展の業績を認められている理由は、ひとえに経済成長の速度が速かったからだ。

1950年代までの韓国はアフリカの貧困国よりも立ち遅れた状態だった。朝鮮戦争が終わった1953年の1人あたりの所得は67ドルで、世界最貧国の一つだった。

朴正熙の経済政策の重点は大企業中心・輸出中心の成長だった。

これが戦略的に正しい選択だったかを議論しても意味はない。当時は国内は貧しく内需がないため輸出中心で成長するしかなかったし、貧富の差が大きくて少数の財閥以外には工業に投資できるお金がなかったため、大企業中心で成長するしかなかった。

世界銀行（The World Bank）によると、1960年代以降の30年間、韓国の経済成長率は世界197ヵ国の中で一番高かったという。その礎が朴正熙の時に作られたのなら、その時代を生きた高齢層が朴正熙を絶対的に支持するのも理解できる。

成長が早ければ、いくら腐敗が深刻でも、普通の人はそれを実感できない。自分の財産が急激に増えるからである。

民主化に対する欲求もそれだけ減る。いや、減るというよりは、〝民主化はもう少し後にしても良いじゃないか〟という考えに近い。人は豊かになればなるほど自由への欲求が弱くなるのだ。

おそらく、近年の中国がこれと似た状況だと思われる。中国共産党による一党独裁体制のために自由はなくても、経済成長が速いから、民主化に対する要求は未来に先送りするのである。

独裁体制の完成と没落の始まり

このように、朴正熙政府は経済的に成功したと言える。にもかかわらず朴正熙は暗殺という最期を遂げることになる。

なぜ彼は暗殺されたのだろうか？

朴正熙の経済政策は、彼の任期のうち初めの3分の2くらいは成功したが、最後の3分の1は失敗だった。朴正熙が悲劇的な最期を迎えたのは、その経済的失敗が根本的な原因だと言える。民主主義に対する弾圧は不満を生むが、その不満が行動に移されるのは経済が不調の時だからである。

当時の韓国経済の大きな問題の一つは金融だった。

「金融の問題」というとなんだか複雑そうだが、この場合はシンプルだ。それは銀行にお金がないことだった。銀行にお金がなかったから、企業は事業資金を借りることができなかった。

銀行にお金がない理由も簡単だった。国民にお金がないから、銀行に預けられるお金も少ないのだ。

では企業は事業資金をどこで借りたのだろうか？

韓国には、日本統治時代から違法な高利貸をしている私債業者がたくさんいた。彼らは１９４５年の解放の後にも、銀行よりも大規模に金融業を営んでいた。当時の企業はこのような私債業者から非常に高い利子でお金を借りていたのだ。

私債業者たちは、政治家はもちろん政治暴力団とも関係を結び、韓国社会を掌握していた。企業が稼いだお金はほとんど私債業者に流れていく構造だった。

朴正熙はこの状況を解決するために、１９７２年8月に「私債凍結措置」を発表する。

これは今まで企業が私債業者に借りた借金をすべて無効にする措置だった。私有財産をこのように完全に没収してしまうのは、まともな民主主義社会では想像もできないことである。

企業は歓喜したが、財産を一瞬にして奪われる私債業者は当然強硬に反発した。野党とマスコミも朴正熙を非難し、私債業者と連携していた政治家と暴力団も立ち上がって、韓国社会は収拾がつかないほどの混沌に陥ってしまった。

そこで生まれたのが、１９７２年10月から始まった「維新独裁」である。

この時の維新憲法によって、国会議員の3分の1とすべての裁判官を大統領が任命し、緊急措置権および国会解散権を持ち、任期6年の大統領職を回数の制限なく再任できるようになった。

これ以前の状況も独裁と言えるが、まだ国会と野党の影響力が大きかった。野党の政治家の中には後に大統領になる金泳三や金大中がいて、強力な野党指導者として朴正熙政府を牽制していた。

朴正熙が大統領になったのは、クーデターが成功したからではなく、それから2年後の選挙で勝ったためだ。クーデターで政府を転覆させたものの、大統領への就任については民主的プロセスに従ったのである。

しかし維新独裁によって、朴正熙は自身も尊重していた民主主義体制を破壊し、立法府と司法部を大統領が思うままにできるように憲法を変えたのである。

この時点で、完全な独裁体制を築いたと言える。

しかし皮肉なことだが、朴正熙の没落は維新独裁が始まった１９７２年に始まったと言うことができる。完全な独裁体制になったことで側近同士の軋轢がひどくなり、国民たちの蜂起の可能性も高くなったのである。

朴正熙体制のナンバー2といえば、中央情報部長だった金載圭（キムジェギュ）と、大統領警護室長だった車智澈（チャジチョル）である。

金載圭は独裁政権内にあったものの、民主主義を追求する傾向（自宅軟禁中だった金大中の外出を見逃すなど）を持っており、車智澈は強烈な野心家で、よく「私が次の大統領になったら……」と言っていたという。

もともと朴正熙は側近の中では金載圭を信頼していたが、野心家だった車智澈が金載圭を牽制しつつ朴正熙に忠誠を誓う姿を見せたため、金載圭より車智澈を信頼するようになる。簡単に言うと、車智澈は奸臣、金載圭は忠臣に近い部下だったが、奸臣の勢力が強まっていったのである。

妻の暗殺

このように権力の不安要素が生まれたのと同時に、朴正熙に不幸な事件が起こった。

1974年8月15日、光復節記念式で文世光（ムンセグァン）という者が朴正熙に向けて銃を撃ち、その結果、彼の妻・陸英修（ユクヨンス）が殺された。

弾は右脳に深く入り込んでおり、それを抜き取ろうとすると遺体を大きく損壊しなければならな

銃で撃たれる直前の陸英修（右から３人目）（テレビの映像から）

かったために、弾が埋まったまま葬儀が行われたという。

文世光は日本で生まれ育った韓国人で、朝鮮総連の説得で暗殺を試みたと証言した。いわく、韓国で共産主義革命を起こすためにはまず独裁者の朴正熙を暗殺しなければならない、そうすれば韓国の民衆が蜂起するはずだ、同じ民族同士が一緒に共産化して統一を果たすというのが国のために重要ではないかという主張だった。

文世光は幼い頃から共産主義理念や左翼政治活動に関心があったという。だから朝鮮総連の説得により、暗殺者になったのだと思われる。

そして、この事件のせいで海外留学中だった娘の朴槿恵（クネ）は帰国することになった。

母の死後、ファーストレディの役割を引き受けた朴槿恵は大衆から大きな人気を得た。当時の老人たちは、朴槿恵が現れると「姫様が来られた」と土下座をして涙を流すほどだった。朴槿恵はこの頃権力の甘さを知るようになったと言われる。

またこの頃、朴槿恵は崔太敏(チェテミン)という宗教家と急速に親しくなった。その娘の崔順実(スンシル)と朴槿恵はのちに国を揺るがす大騒動を起こすことになるが、その詳細は9章で書くことにしよう。

経済の不調と民主化運動鎮圧の失敗

朴正熙が没落したのは、表面的には独裁政治とそれによる妻の暗殺のせいだが、その本質をよく見ると、経済の悪化が根本的な原因である。

前述したように、朴正熙は選挙で勝って大統領になった人で、独裁体制を敷いたが経済成長があまりにも速かったために国民からの支持率が高かった。しかし妻の死後は民心を失い始めた。急成長によるさまざまな副作用や、オイルショックによる世界経済の悪化など、いくつもの悪条件が重なったことが原因だった。

朴正熙の経済政策にとって致命的だったのは、インフレーションがひどくなったことだった。1年に10~20%の価格上昇が起きる一方、給料の上昇は物価の上昇より低かった。これは体感的にいうと、消費者物価が5年ごとに2倍以上になる水準だ。

このようなとんでもない物価上昇は、庶民の生活にとって深刻な危険要素だった。そして多くの資金が不動産投機に流入するという副作用もあった。

製造業と輸出中心、そして大企業中心で成長するという朴正熙政府の戦略は、逆に言えばそれ以外のものは成長から疎外されるという意味である。このことによる不満も次第に高まっていた。

このような状況で朴正熙政府は１９７６年１月15日、付加価値税を導入する。国家財政を安定させるためだったが、物価が急騰している状況で付加価値税を導入したことで物価はさらに上がり、国民の怒りは爆発寸前になった。

そして維新憲法の制定後、多くの国民が学生運動や市民運動を支持するようになる。

これを無理に弾圧したため、人権問題は海外にまで知られるようになった。当時アメリカは独裁者を嫌ったジミー・カーターが大統領だったから、アメリカとの関係も最悪だった。

これらの事情が重なり、朴正熙政府が育成していた重化学工業も苦境に陥った。

異常なインフレの中では、物価を安定させる政策を行うのが最善である。しかし、朴正熙政府はなんとしても高度成長を続けようとしていた。おそらく、一度成長が止まると再び成長することは不可能かもしれないという危機感のせいだったと思われる。

経済政策の失敗は、１９７８年の国会議員選挙で野党が勝利する要因になった。

そして翌年の１９７９年10月には大規模な民主化抗争が起こった。

この抗争は「釜馬（ブマ）民主抗争」といって、１９７９年10月16日から20日まで釜山（プサン）市と馬山（マサン）市などの地域で起きた民主化運動である。

朴正煕政府は重化学工業を育成していたが、すべての資金が重化学工業に投資される中、軽工業が中心だった釜山・馬山などの地域の多くの中小企業は倒産寸前だった。そのうえ不況や付加価値税導入などの影響で、朴正煕政府に対する民心は急速に悪化していた。

一方、野党の新民党では、金泳三が総裁に選出された。金泳三が与党に強気で民主主義に必要な事項を要求すると、朴正煕は自分の側近を国会議長に任命して国会を統制しようとしたのはもちろん、警察が新民党に乱入し鎮圧して死傷者が発生する事件まで起こした。

金泳三が朴正煕政府を強く非難すると、朴正煕政府に掌握された国会はそれを国家体制に対する侮辱だとして、金泳三を国会議員の職から強制除名した。

これらの事件を背景にして、10月16日には釜山大学校からデモが始まった。5000人ほどの学生が一斉に釜山市の中心街と市役所の前に集結して、「維新撤廃」と「独裁打倒」を唱えた。

釜山には陸軍特殊戦司令部の約2000人の兵力が投入されたが、デモは釜山を越えて馬山にまで拡大する。学生たちと市民数千人が市内に集まるとデモはさらに加熱し、学生たちは警察に石で応戦した。

馬山では警察署と放送局が炎上し破壊された。すると武装した戦闘警察と軍人が大規模で投入され、学生たちを殴打するなど、暴力的な鎮圧が行われた。普通の市民をデモ隊と間違えて殴ることもあったという。

抗争は全国に拡散する兆候も見せていた。

部下による暗殺

この抗争にどう対応するかについて、政府の首脳部の葛藤も大きくなっていた。

朴正熙は1960年の4・19革命に言及しつつ、「自由党時代には郭永周(クアクヨンジュ)が発砲を命令して処刑されたが、私が直接発砲を命令したとして、大統領である私を誰が死刑にするだろう？」と、事態が深刻化すれば自分が直接発砲命令を下すと言った。

大統領警護室長の車智澈はカンボジアのキリングフィールドに言及しつつ、「釜山・馬山の市民を100～200万人くらい犠牲にしても良いのではないか？」と言った。

これを聞いた中央情報部長の金載圭は驚いて、「この人たちは正気か」と思った。そしてこの2人を殺さなければならないと思い、暗殺の計画を立てたという。

1979年10月26日、金載圭は、一緒に食事中だった朴正熙と車智澈をピストルで狙撃して殺害した。

逮捕後、暗殺を再現する金載圭

後にこの事件を調査した軍部は、金載圭が2人を殺した理由について、車智澈に押されて権力から疎外されたことに不満を持ったためと発表した。しかし金載圭の過去の行跡を見ると、そのような単純な理由だとは言い切れない。独裁を嫌悪していた彼は民主化勢力と親しく、朴正熙が再選のために出馬した時には、それを最後にするよう勧めたこともある。

また、彼は釜馬民主抗争の流血鎮圧を強行しようとする朴正熙政府に強く反対した。鎮圧に賛成していた車智澈のカンボジア発言が本気だったかどうかは分からないが、金載圭の狙撃がなければ、韓国でも中国の天安門事件のような流血をともなう鎮圧が起こったかもしれない。

ちなみに、朴正熙の死の直後、当時28歳の朴槿恵がしたことは、父が不正な方法で蓄積した莫大な財産の名義を変更することだった。

朴槿恵は側近5人とともにスイスへ行き、朴正熙名義の口座を自分の名義に変更した。そしてその5人に5万ドルずつ、苦労の対価として渡したという。このことは5人の中の1人がのちに京郷新聞の記者に告白して世の中に知られるようになった。

このような行動を見ると、朴槿恵は権力を利用して財産を不正に蓄積することについて、若い頃から拒否感を持っていなかったことが分かる。これは、彼女が後に大統領になって犯した不正について、なぜ良心の呵責を持っていないのかの説明にもなる。

自由主義国家で立派なリーダーになるためには小さい頃から正しい価値観と民主主義的リーダーシップの教育が必要だ。だが、彼女が幼い時に見たのは民主主義への弾圧と独裁、腐敗だった。

これでは後進国の独裁者になることはできるかもしれないが、民主主義国の良きリーダーになることはできない。朴槿恵が没落した原因は、父の朴正熙が良い模範を見せることができなかったからだと言うこともできる。

朴正熙の失敗は経済だけではない。彼は子供のしつけにも失敗したのだ。

3章

死刑宣告を受けた

全斗煥（チョンドゥファン）

(1931-)

大韓民国第11〜12代大統領
（在任期間：1980〜1988）
軍事反乱によって権力を手にし、間接選挙で
大統領に就任するが、クーデター、
民主化運動の流血鎮圧、不正蓄財などの罪で
死刑宣告を受ける

朴正煕の寵愛を利用してのし上がる

朴正煕の暗殺によって、彼が作った維新体制も危機を迎えた。民主化を熱望する国民たちと政治家の声が大きくなり始めたからだ。

暗殺事件当時に首相を務めていた　が次の大統領になると、政治家たちは新大統領に維新憲法廃止と民主的選挙を要求した。

当初は、人々は朴正煕の死によって維新体制が終わり、民主化を果たすことができると期待していた。しかし結果的にはそのようにならなかった。政府は全斗煥が導く軍部により掌握され、以後の韓国は全斗煥・盧泰愚（ノテウ）と続く軍政時代に入る。

わずか８ヵ月の任期ののち下野した崔圭夏は、のちの検察による捜査にも口を開かず、隠遁に近い生活を送り、２００６年に死去した。

このとき韓国が民主化できなかった最大の理由は、軍部の力が強かったためである。

朴正煕は、軍部を掌握するために軍部内に自分を支持する「ハナ会」という派閥を作り、彼らを支援していた。このハナ会の首長が全斗煥であり、ナンバー２が盧泰愚だった。

死刑宣告を受けた
3章　全斗煥

全斗煥は朴正熙が信頼していた軍人で、朴正熙が起こした「5・16軍事クーデター」にも加担していた。

彼は朴正熙から、軍人を引退して国会議員として政界に入ることを勧められたこともある。その時彼は、「軍隊にも忠誠心を持つ人がいなければならない」と言い、断ったという。

ただしこの言葉は額面通りに受けない方が良いかもしれない。実は彼は野心が強く、政治家になることよりも軍部の実力者になる方が、のちに権力を握るために有利だと思っていたようなのである。

当時、全斗煥は彼の友人たちと、前述したハナ会と呼ばれる派閥を組織していた。公式の組織ではなかったが、士官学校の同級生たちとの親睦会として始まった、軍の人事などをも左右することができる強い派閥だった。

第10代大統領・崔圭夏

全斗煥とハナ会は一種の朴正熙親衛隊となり、政府の庇護を受けながら出世を続けることになる。

だが、朴正熙が全斗煥を高く評価したのは誤った判断だったようだ。

全斗煥はハナ会を通じて軍部を掌握していたため、場合によっては朴正熙は暗殺犯の金載圭（キムジェギュ）でなく、全斗煥によって権力を失う可能性もあった。

さらに、全斗煥は軍人としても無能で腐敗した人物だった。彼は1970年に陸軍連隊長としてベトナム戦争に参戦したが、上官からの評判が非常に悪かった。直属の上官である曺千城（ソチョンソン）将軍は、「兵士たちは飲み水にも不足しているのに、全斗煥は熱いシャワーを浴びたりテニスをしたりしている」と、連隊長を解任しなければならないと報告したことがある。

そして全斗煥は、自分の連隊に軍功がまったくないと知ると、武器密売人から銃器類を多数購入して、それを捕獲物だと上部に嘘をついた。

ベトナム戦争後に復帰した連隊長以上は、慣例に従って皆「忠武武功勲章」を受けたが、全斗煥の場合は、曺千城や駐ベトナム司令官李世鎬（イセホ）など皆が勲章授与に反対した。偽りの報告・戦闘遂行能力の不足など否定的評価が多かったせいである。
にもかかわらず彼は朴正熙の寵愛を受けていたために、結局勲章を授与された。

全斗煥は大統領就任後に多くの不正を犯したが、それは権力を握った後に堕落したからではない。彼は最初からそういう人物だったのだ。

私欲による軍部の掌握

その後全斗煥は、ハナ会とともに狡猾な手腕を駆使して軍部を掌握する計画を立て、成功させた。その過程で、崔圭夏は大統領の座から引きずり下ろされたのだ。

この時、全斗煥と盧泰愚はきわめて無責任な行動を取っている。自分たちの反乱を成功させるために、北朝鮮との国境を無防備な状態にしたのだ。

ハナ会のナンバー2だった盧泰愚は、当時38度線の最前線を警備している軍を率いていたが、全斗煥の命令でその軍隊の半分をソウルに出動させた。当然最前線は無防備な状態になる。もしこのとき北朝鮮が侵略していたら、今ごろ韓国がどうなっていたか分からない。

しかしハナ会にしてみれば、陸軍本部に反乱を鎮圧されて死刑になろうが北朝鮮の侵略によって死のうが、結果は同じだ。だから国家の安全をまったく考えない利己的な行動をすることができたのだ。

この反乱は10時間で成功した。１９７９年12月12日に起こったこの事件は「12・12軍事反乱」と呼ばれている。そしてこの反乱を成功させた軍事勢力を一般的に「新軍部」と呼ぶ。

「ソウルの春」の鎮圧

12・12軍事反乱は、朴正熙が起こした5・16軍事クーデターとは性格が違う。5・16軍事クーデターは軍を動員して政権を完全に掌握したが、12・12軍事反乱は軍部を掌握しただけで、すぐに政権を掌握することはできなかったからだ。

12・12軍事反乱の後、野党や大学生などの反対勢力の抵抗は激しくなり、１９８０年3月から5月まで民主化を要求する一連のデモが起こった。

ソウル大学の総学生会長だった沈在哲（シムジェチョル）（のちに政治家になる）などの大学生が主導したこの抗争は「ソウルの春」という名前で呼ばれる。

12月のクーデターに対してデモが翌年の3月から起こった理由は、2月までは大学が休みだったからである。当時はインターネットもスマートフォンもなかったから、大学が始まった3月になってから新軍部によるクーデターが知られるようになったのだ。そのため、大学生のデモは4月から本格的になっていった。

そして学生と市民たちは、全斗煥の新軍部の退陣と非常戒厳令の解除を要求した。

与党の民主共和党と野党の新民党も、大統領直接選挙制への改憲に合意した。

当時の雰囲気では、全斗煥率いる新軍部が権力を握ることはできないように見えた。いくら武力でクーデターを成功させたといっても、国民の支持がなければ権力を握り続けることは難しい。当時野党にいた金泳三（キムヨンサム）、金大中（キムデジュン）などの民主化を求める政治家たちも、大統領選挙がすぐに行われると確信していた。

死刑宣告を受けた
3章　全斗煥

民主化を要求するデモの規模は、5月に入りますます大きくなっていった。

5月13日には、ソウル市内で数千人の大学生が市街に出てきて徹夜でデモをした。すると新軍部は、「学生たちのデモは北朝鮮の指令により起こったもので、北朝鮮の南侵の危険がある」と主張した。そして中央情報部は「北朝鮮軍の特殊8軍団が行方不明になった」と、北朝鮮の侵略説がいかにも本当であるかのようにふるまった。

今でも保守勢力は権力のために北朝鮮の動きについて嘘をつくことが多いが、これを「北風工作」と呼ぶ。だが当時は北朝鮮の挑発が実際に頻発していたため、金泳三や金大中もそれを本当だと信じてしまった。

そして金大中は「秩序を守って社会の安定を維持し、北朝鮮が誤った判断をしないようにしよう」と宣言した。

5月13日から始まった学生の街頭デモは15日に頂点に達した。ソウル駅には15万人の学生と市民が集まった。金大中は15日に「戒厳令をすみやかに解除すること」「全斗煥は退陣すること」を主張した。デモ隊の要求もこれと同じだった。

新軍部は対応に苦慮した。市民や学生を武力で鎮圧すれば、首都の真ん中で国民を虐殺したとして海外でニュースになる。李承晩が大統領の座から追われた「4・19革命」を考慮しても、武力を使うのは得策ではない。新軍部は15日の午後8時まで、デモ隊に何もすることができなかった。

ただ大学生たちの方も、多くの人々が集まると、それを統制できなくなることを憂慮していた。群衆を解散させるのか、群衆を導いてデモを続けるのか、激論が起こった。

その結果、学生たちは、もしデモが過激になれば大規模な流血沙汰にもなりえると判断し、この日は解散して、準備をしてからまた後で集まろうと結論した。この判断に反発する学生も多かったが、結局すべての学生たちが解散した。

そしてそれが「ソウルの春」の終わりになった。

5月17日、新軍部は戒厳令を宣布してデモを主導した学生たちを奇襲し逮捕した。このことにより、ソウルの民主化運動は中断されたのだ。

軍隊が一般市民を虐殺した光州事件

一方、光州市では5月18日も民主化を要求するデモが続いた。

それに対し、戒厳軍は今度は残酷な鎮圧作戦を行った。戒厳軍はデモをしていた学生だけではなく、デモとは関係のない一般市民まで鎮圧棒で無差別に殴打したのだ。

彼らは3～4人で1組になって、デモ現場の周辺の市民たちを殴打した。聴覚障がい者が質問に答えないという理由で殴られ死亡するという事件も起こった。水遊びをしていた子供まで殴打したという証言もある。この事件を取材した記者のエピソードをもとに『タクシー運転手』という映画も作られた。

戒厳軍は本来は空輸部隊といい、韓国軍の中でももっとも戦闘力が高い集団だった。新軍部は、一般市民を鎮圧するために精鋭の戦闘部隊を送ったのである。

市民たちを鎮圧する戒厳軍

空輸部隊は銃剣と銃で市民たちを虐殺した。殺された人の中には子供や妊産婦もいた。

最初は学生たちが主導したデモだったが、このような状況を目の当たりにした光州の市民たちが学生たちと連動して立ち上がった。

戒厳軍が国民を虐殺しているのに、マスコミはそれをまったく報道しなかったことに人々は怒り、放送局を攻撃してMBC、KBSなどの建物に放火した。光州市役所と警察署も市民たちが占拠した。

そして光州駅や道庁（日本でいう県庁のようなもの）など

では、市民と戒厳軍の戦いが起こった。装甲車などを動員した戒厳軍は武器を持たない市民に無差別射撃を行い、54人が死亡、500人以上が負傷した。

この事件によって市民たちは武装する必要を悟り、市外の武器庫を占拠して銃などで武装した。これが可能だったのは、韓国の男たちに軍隊生活の経験があったからだ。こうして構成された1000人以上の市民軍は空輸部隊と戦闘を行ったが、それによってまた多くの人が死亡した。

その渦中で、国営放送局であるKBSが光州民主化運動を報道した。国営放送局は政府に統制されていたため、これは驚くべきことだった。

当時、マスコミは光州の状況をすでに取材し、記事まで書いてある状態だったが、軍部の圧力のせいでまったく報道することができなかった。しかしKBS報道局編集次長は、真実を報道しなければならないと判断し、光州の状況を約40分にわたって詳しく報道した。すると他のマスコミも次々と光州民主化運動を報道し始めた。

ただ、当時はこの抗争を「民主化運動」とは呼べなかったので、「光州事態」と呼んだ。

マスコミの報道を止められないことを知ると、新軍部は放送局の関係者に賄賂を渡したり脅迫をしたりして、報道の論調を変えるように指示した。光州の抗争が、実は北朝鮮の指令で起こった事件であると歪曲して報道させたのだ。このような説は今も右翼が主張しているが、それは当時の歪曲報道の影響である。

死刑宣告を受けた
3章　全斗煥

5月18日に始まった光州民主化抗争は、5月27日に終わった。

27日0時、戒厳軍は光州の市外電話線を遮断して最後の鎮圧作戦を始める。夜明け4時には、戦車や装甲車を使って、市民軍の本拠地である全羅南道庁前を完全に包囲した。

戒厳軍の装甲車上のサーチライトは道庁を照らした。

戒厳軍は降伏を勧める最後通牒を放送した。道庁の中からは何の反応もなかったが、突然の銃声と同時に戒厳軍のサーチライトが壊れて、暗闇になった。すると一斉に戒厳軍の射撃が始まった。

市民軍は道庁に乱入した空輸部隊によって一人一人射殺された。当時500~600人程度の市民軍が道庁に駐屯していたという証言があり、戦闘後に戒厳軍に連行された市民軍は約200人だから、死亡者はその残りだと推定される。


光州で起こったこの大規模な民主化運動を、「5・18光州民主化運動（光州事件）」と呼ぶ。

これは韓国の現代史でもっとも重要な民主化抗争である。多くの人命が奪われただけでなく、以後の民主化運動に非常に大きな影響を与えた。

全体の被害者の数は定かではない。この大量虐殺では、死亡者の数を集計することさえ難しい。

死体を数えようにも、空輸部隊員は死体をトラックで運び、無断で埋葬したからだ。

5月31日に戒厳司令部が発表した公式死亡者は、民間人144人、軍人22人、警察4人だが、誰もこれを信用していない。光州で牧師として働いていたアーノルド・ピーターソンは、周辺の多くの情報を総合して、死亡者は800人以上に達すると試算している。

文化面の開放

ソウルのデモを戒厳令によって、そして光州の民主化運動を流血をもって鎮圧して、全斗煥は第11代大統領に就任する。1980年8月のことだった。崔圭夏大統領を辞任させた後に選挙を実施し、それに勝利したのだ。

もっとも、この時の選挙は自分の側近たちを集めて行った間接選挙だったので、選挙と呼ぶのも難しい。

彼が就任後に行ったのは、独裁者のイメージを払拭するために、朴正熙時代に実施された「夜間通行禁止」と「深夜営業禁止令」の解除だった。朴正熙時代には夜12時以降に外を歩き回るのは不可能だったが、このような規制を廃止して、人々に自由を与えたのである。

一方で多くの政党を解散させ、10月27日には、7年単任大統領制を内容とする新しい憲法を公表した。

一人が永久に大統領を続けられるようにしなかったのは、民主主義への要求が強い当時の雰囲気を考慮したためで、その代わりに全斗換は自分の任期が終わった後、自分の側近を大統領にして権力を握り続けようと考えた。ただ後述するように、これについては失敗に終わっている。

また、文化面では「３Ｓ政策」を施行した。

スポーツ（Sports）、セックス（Sex）、映像（Screen）産業を利用して大衆の政府への不満を緩和するのが「３Ｓ政策」で、これは戦後の日本でも行われた政策だ。韓国でプロ野球が始まって、スポーツ・セックス・芸能を扱うスポーツ新聞が創刊されたのもこの時期だ。成人向けの映画も多く作られた。

ちなみに、これは後の保守政府（李明博、朴槿恵政府）と比較される政策でもある。李明博政府は青少年の夜12時以後のオンラインゲームを禁止する法を施行し、朴槿恵政府はインターネット上のアダルトビデオのダウンロードを検閲する政策を施行したが、このような政策は若者からの人気を失う大きな原因になった。独裁を続けながらもある程度の自由を与える政策は、全斗煥政府がかなり抜け目なかったことを示している。

教育面では、社会のエリート化を追求し、少数精鋭のエリート官僚で国を再編する一方、科学技術を全面的に支援して、優秀な科学者と技術者を育成する政策を実施した。

このような政策は韓国の人々がこぞって一流大学を追求するようになるきっかけになった。韓国の大学入試は競争が熾烈なことで有名だが、韓国社会の学歴への執着は全斗煥政府時代から始まったのである。

そしてもう一つ重要なこととして、全斗煥は「社会浄化運動」を実施した。具体的には、暴力団を掃討するという名目で「三清教育隊」という強制収容所を作って、暴力団のメンバーや前科者やホームレスなどを連行して監禁し、過酷な環境で強制労働をさせた。問題はその中には一般人も多かったことで、酒を飲んで道端で寝ていたという理由で連れて行かれた人も、髪が長いという理由で連行された人もいた。このような、暴力団とは関係のないケースが全体の3分の1あったという。

この政策は深刻な人権侵害があった一方で、韓国社会から暴力団が消えた原因でもある。

外交の成果としてのオリンピック開催

全斗煥の対米外交に関しては、朴正熙と大きな差があった。

朴正熙は自国防衛のために独自の国防計画を勝手に進め、ミサイルや核兵器の開発なども推進したため、アメリカと軋轢があった。

一方、全斗煥はクーデターで権力を奪ったために当初はアメリカとの関係が良くなかったが、国防をアメリカに全面的に依存する政策を実行し始めた。

全斗煥政府の外交政策はシンプルだった。無条件にアメリカの要望に応じること、そしてアメリカに莫大な利益を与えることだった。これは、アメリカを困らせた朴正熙とはまったく違った態度だった。

１９８０年初頭にはＩＣＢＭなどのミサイル開発計画をキャンセルし、朴正熙が密かに推進していた核兵器開発もキャンセルした。また、ロッキード・マーティン社のＦ-16戦闘機を導入する計画を立てるなど、巨額の武器導入契約も結んだ。

アメリカとしては、理念的には全斗煥政府は気に入らなかったが、自国にさまざまな利益を与える指導者を支持しない理由はなかった。その結果、ロナルド・レーガン大統領はテレビで全斗煥を支持する発言をした。

全斗煥政府のアメリカへの全面的支持を証明する最たるものが、１９８８年のソウルオリンピックである。

ソウルオリンピックは新軍部の経済・外交の成果を誇示する、重要なイベントだった。独裁者は自分の業績を誇示するためにオリンピックなどのイベントを行うのが好きだが、韓国のような国でオリンピックを開催するには、アメリカの支持がなければ不可能だ。

国際的にも1988年のオリンピックは意味が大きい。1984年のアメリカのロサンゼルスオリンピックではソ連などの共産国家たちが参加をサボタージュし、それ以前の1980年のソ連のモスクワオリンピックではアメリカなどの資本主義国家たちが参加しなかった。

アメリカは新軍部の独裁の実態をよく知っていながらも、このように重要なイベントを新軍部に任せて彼らを全面的に支持した。

アメリカがここまでしてくれたのは、新軍部が独自の国防をあきらめて、すべてをアメリカに任せる国防政策をとったためだと考えられる。前任の朴正熙はアメリカの立場からは頭の痛い人だったが、全斗煥が率いる新軍部の時代になると、そんな心配がなくなったのだ。

普通、どの国でも右派は自国による防衛力を重視する傾向があるが、韓国は逆である。韓国の右派は自主的な国防力を強化することよりもアメリカに依存するのが正しいと思う傾向がある。このような傾向は全斗換時代から始まった。

ただし、次の大統領の盧泰愚は、全斗煥のこのような決定は間違いだと思ったようだ。盧泰愚政府は全斗煥の就任後、ミサイルの設計図まで全部廃棄したことは過ちだったと判断している。

当時は冷戦の時代だったから、全斗煥のシンプルな外交も悪くなかった。だが国内の民主化勢力の不満はつねに不安要素だった。

特に大学生を中心とした学生運動は、全斗換政府を終始悩ませた問題だった。

当時の民主化運動は大学生を中心に行われた。大学内では大学生が石や火炎ビンを投げ、鎮圧警察（デモの鎮圧を目的とする、警察庁の下の軍人）がそれに対して催涙弾を撃つので、当時の大学はほとんど毎日休講状態だった。

日本の全共闘と似た面もあるが、全共闘のように急進的な思想や内ゲバなどはなかった。また、相手が独裁者だったために、多くの一般人も学生に同調する傾向があった。

しかし、１９８０年代の学生運動は、それ以前の学生運動よりもずっと激烈だった。

そうなったのには、「5・18光州民主化運動」の影響が大きかった。

当時、しがない武装で戒厳軍に最後まで抵抗したのは一般の市民だった。ごく普通の大学生やサラリーマンが、命をかけて新軍部に抵抗していたのである。彼らは民主主義という理想のために、軍人に射殺された。マスコミはその真実を徹底して報道しなかったため、学生たちは大学に入って初めてそれを知った。多くの大学生が独裁者に抵抗するデモに参加したのはこのような経緯があるのだ。

１９８０年代の学生運動が激烈だった理由の99％は、5・18光州民主化運動にあると言っても過言ではない。

外部要因に恵まれた好景気

このような雰囲気の中で、もし全斗換政府が国家経営に失敗したとしたら、新軍部はすぐに権力を失ったかもしれない。しかし全斗換政府は経済、外交、科学技術政策などで大きな成功を収めた。特に経済に関しては、朴正熙時代の経済政策の問題を数多く解決した。

朴正熙時代には重工業への過剰投資が問題だったが、それを解消した。そして物価が安定した。朴正熙政府時代の深刻なインフレーションも解決して、国民の生活が改善された。海外の条件も良かった。「3低好況」と呼ばれる、低金利、低ドル、原油価格の低下のおかげで、全斗換政府下で国際収支が黒字に転換した。

朴正熙とは違い、全斗煥は「自分は軍人出身だから経済をよく知らない」と認め、経済は専門家に任せて関与しなかった。

彼が登用した専門家の中で一番有名な人物は金在益(キムジェイク)だった。金在益はアメリカで学位を取った経済学博士で、本来は民主主義を志向する人物だったが、経済の発展は長期的に国家の民主化にも役立つという考えのもとに全斗煥に協力したという。全斗煥政府は経済分野では歴代政府の中でもっとも優れた成果をあげているが、その功績の立役者となった人物である。

当時の経済がどれほど良かったかというと、今でも高齢者の中には「全斗換時代が一番暮らしやすかった」と言う人が多いことから分かるかもしれない。

物価の安定により中流階級は暮らしやすく、平凡な会社員も熱心に働いて貯蓄すれば家を買うことができた。１９８６年にはアジア競技大会が、１９８８年にはソウルオリンピックが開かれ、国力の上昇を実感することもできた。

政治家の深刻な腐敗

一方、腐敗は深刻な水準だった。

有名なのは「平和のダム募金事件」だ。これは、〝北朝鮮がソウルを浸水させるために金剛山(クムガンサン)ダムを建設しているので、浸水を防ぐためには韓国もダム（平和のダム）を建設しなければならない〟として、政府が全国民に寄付をさせた事件である。

そもそもソウルはダムの放流で浸水するほど低地ではないし、金剛山ダムの容量もそれほど大きくなかったため、今ではそれが嘘であることは簡単に分かるのだが、インターネットもなかった時代にマスコミがまるで真実のように報道したために、国民を欺くことができた。

学校でも募金活動が起こり、小学生もお金を持って行った。

そのようにして集まった巨額のお金は、全斗換をはじめとした権力者のポケットに入った。企業から集まったお金の額は天文学的だった。のちの調査の結果、全斗換が着服したお金は、確認されただけでも約９５００億ウォン（約１０００億円）である。

参考までに書くと、１９８０年代の１年の国家予算は10兆ウォン程度だった。１年分の国家予算の10％を個人が着服したのである。

なお前述の９５００億ウォンは、７年の在任中に集めたお金である。いろいろな財団や団体を利用して、義援金や財団への出資などの名目で受け取ったお金が２５１５億ウォン、直接受け取ったお金は７０００億ウォン以上だった。

これらのお金の管理は全斗煥の側近が担当した。

例えば、安賢泰（アンヒョンテ）警護室長は企業家との面談を仲介して賄賂を作ったし、成鎔旭（ソンヨンウック）国税庁長官は企業から直接賄賂を受け取り全斗煥に渡した。国税庁長官がこんなことをするほど権力は腐敗していたのだ。

全斗煥はこうして集めた巨額の裏金を利用して、側近たちの忠誠心を維持した。平素から側近たちに謝礼金などを寛大に与えていたのだから、彼に忠誠を誓わない理由はなかった。

死刑宣告を受けた
3章　全斗煥

今も極右は「全斗煥は不正を犯したが、義理人情のある人だから側近たちは裏切らなかった」と主張しているが、実は側近たちが最後まで全斗煥を裏切らなかった理由の一つは、お金だったのだ。

前章で朴正熙は借款の10～20％を横領したという話をしたが、このような巨額の不正が可能だった理由は、金融実名制がなかったからである。

これは銀行口座を実名で作らなくても良いというもので、口座の名義を「孫悟空」や「天津飯」などの名前で勝手に作ることもできる。いくらでも横領ができる環境なのである。

当然だが、今はこのような横領は不可能だ。実名でなければ金融の取引は不可能なので、誰が誰からいくらもらったかは全部追跡できる。権力の核心部の人々は金融実名制に反対したというが、それも当然だろう（金融実名制は金泳三時代に導入された）。

この金融実名制についてはまことしやかにささやかれている話がある。

１９８３年、韓国の首脳部がミャンマーを訪問し、アウンサン将軍の墓所で外交行事を行う予定があったが、そこで爆弾テロが起きた。

韓国の訪問団は政府首脳部17人だったが、まだ到着していなかった全斗煥と彼のスポークスマンを除いた15人が爆弾テロの被害に遭った。

15人のうち13人がテロによって死亡したが、その中には金在益（キムジェイク）がいた。確かな証拠はないが、新軍部はテロが起こるという情報をあらかじめ知っていたという説がある。そして金融実名制の導入を推進していた金在益がそのテロで死ぬように仕向けたのだというのだ。

もしこれが事実なら、新軍部は粛清が必要な人間が爆弾テロで死ぬように画策したことになる。

拷問やデモによる死者が続出する

人権状況は最悪だった。

警察は民主化を要求する大学生を連行して拷問し、誰が仲間なのかを自白させ、その人物も連行して拷問した。男子学生には水拷問と電気拷問を行い、女子学生には失神するまで「性拷問」を実施した。ここではその内容は具体的に書かないが、読者が想像するそれと似たものだと思っていい。

このような残忍な人権弾圧は「富川(プチョン)警察署性拷問事件」(取調官が捜査と称して女子大学生に性拷問をした事件)や「朴鐘哲(パクジョンチョル)拷問致死事件」(警察が朴鐘哲という大学生を拷問で殺した事件)などで世の中に知られた。

人々は憤慨した。このような事件が生じるたびに独裁政権に対する反発はさらに強くなり、大統領直接選挙制を願う民主化への要求も強まった。

しかし政府は1987年、大統領間接選挙制を維持するという「4・13護憲措置」を発表した。

この措置は、つまりは軍部独裁を続けるということだったから、反対デモはますます激しくなった。筆者は当時学生で、教科書で韓国の選挙制度についての説明を読んだが、そこには「我が国の大統領選挙は大統領選挙人団が大統領を選出する間接選挙をしている」と書かれていた。

これを読んだ幼い筆者は「これはとんでもない。なぜ国民が直接投票せず間接選挙をしているのか?」と考えた記憶がある。光州で何が起こったかも知らない、民主化運動に関心もない子供がこう考えたのだから、当時の選挙制度に問題があったのは明白だ。

そうするうちに1987年6月9日、デモをしていた大学生・李韓烈(イハンニョル)が催涙弾を当てられ、1ヵ月後に死亡するという事件が起こる。

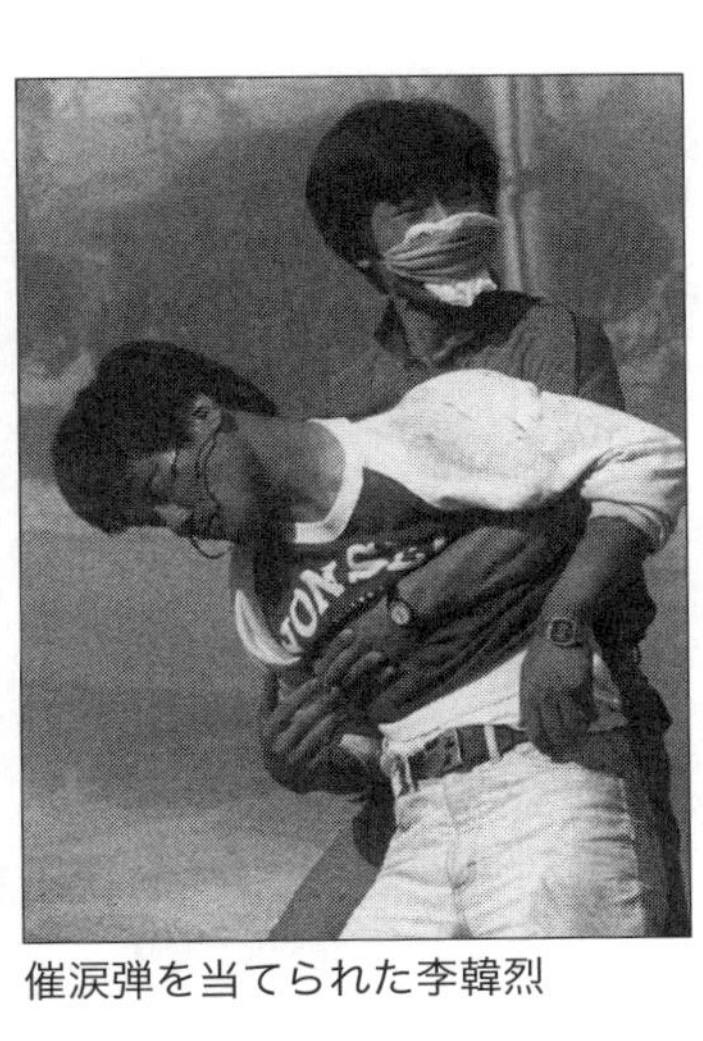
催涙弾を当てられた李韓烈

血を流しながら倒れた李韓烈を仲間の学生が抱きかかえる様子を、ロイター通信の写真記者が撮っていた。この写真がニューヨークタイムズの1面と韓国の中央日報に報道されたことで、事件は収拾ができないほど大きくなった。

これをきっかけとして、「6月抗争」という民主化運動が起こった。

今回は警察がデモを統制することに完全に失敗するほど規模が大きかった。ソウルだけではなく釜山（プサン）、馬山（マサン）、大田（テジョン）など全国で、憤慨した人々による抗争が始まっていた。

全斗換はふたたびデモを鎮圧するために大規模な兵力を準備し、戒厳令を宣布する計画を立てた。当時戦車兵だった人物の証言によると、軍は出動の準備をしたままソウルへの進入命令を待っている状態だったという。ソウルでも光州のような虐殺が起きる寸前の、一触即発の状況だったのである。

このような危機的な状況に、アメリカはいち早く対処した。

レーガン大統領は駐韓米国大使を通じて全斗換に親書を送った。その内容は、もし新軍部が戒厳令を宣布するのなら、アメリカは彼を支持しないというものだった。

また、軍の内部でもデモの鎮圧に反対する人が圧倒的に多かった。

全斗換は軍による鎮圧をあきらめる。そして新軍部は国民に降伏して大統領直接選挙制への改憲の要求を受け入れた。

これは6月抗争の直後の6月29日に宣布されたため、「6・29民主化宣言」と呼ばれる。

6月抗争は、世界でも高く評価された民主化抗争である。平和的なデモで独裁者を追い出し、民主主義体制を確立した民主化抗争は世界史でも珍しい。

逮捕と死刑判決

しかし、このようにして実現した大統領直接選挙で、全斗煥はナンバー2の盧泰愚が大統領選挙で当選することをサポートする一方、彼が当選したら、改憲して権力を維持するという計画を立てていた。

当初、全斗煥は大統領制から議院内閣制へと改憲しようと計画していた。議院内閣制は大統領制よりも変化が難しいため、与党が権力を長く維持するためには有利な構造だからだ。

特に新軍部は日本の自由民主党を集中的に研究していた。自由民主党は大企業と官僚との協力関係をうまく構築して30年以上権力を維持していた。似たような体制を構築し、与党の総裁になって国会議員への公薦権を持てば、政界の黒幕としてずっと君臨することができる。

結果的に盧泰愚は当選するが、内閣制への改憲は失敗する。しかも民主化勢力に対して劣勢だったため、盧泰愚政府は全斗煥政府の清算を求めた聴聞会まで開いた。

企業家や全斗煥時代の権力者たちが呼び出されて詰問される様子は生放送で全国民に放送され、全斗煥はそこで自分の不正が一つ一つ究明される屈辱を受けることになる。

そして民主化運動の指導者である金泳三が盧泰愚の次の大統領になると、軍の中のハナ会のメンバーは皆排除された。

そのうえ権力闘争の過程で、全斗煥と盧泰愚が４０００億ウォンという巨額の裏金を蓄積していたことも暴露された。詳細は次の盧泰愚の章で記述するが、このことがマスコミにより大々的に報道されると、人々は憤慨した。世論は２人を許さず、彼らの所業すべてにわたって調査が行われることになった。具体的には次の３つである。

・収賄・横領・不正蓄財
・１９７９年の「12・12軍事反乱」
・１９８０年の「５・18光州民主化運動」の流血鎮圧

１９９５年11月に盧泰愚が、その翌月には全斗煥も拘束され、全斗煥はクーデターの責任者として死刑判決を受けることになる。

８ヵ月間の懲役だけで赦免される

１９９６年の１審裁判では、全斗煥と盧泰愚にそれぞれ死刑と懲役22年６ヵ月が宣告された。２審では２人とも減刑されて懲役17年、そして１９９７年の３審では、全斗煥に無期懲役と

２２０５億ウォンの追徴金、盧泰愚には懲役17年と２６２８億ウォンの追徴金が宣告されている。ただし、実際には彼らは８ヵ月間の監獄生活をしただけで釈放されている。

そうなったのには事情がある。

最大のポイントは、３審のあった１９９７年に起こった通貨危機だ。

通貨危機は建国以来最大の危機だった。韓国が保有していたドルは消え、為替レートは急騰し、毎月数千の企業が倒産した。そして年末にはＩＭＦ（国際通貨基金）による救済を受ける事態にまでなった。国は滅亡寸前で、建国以来最大の危機となった。

裁判のために移動する全斗煥

すると、「やはり経済のためには民主化勢力よりも独裁者の方がマシなのか」という保守派の声が大きくなっていった。

そのため、当時左派の大統領として任期を終えようとしていた金泳三とその政府は、保守派の人々にアピールするために、全斗煥と盧泰愚を早々に赦免してしまったのだ。これは韓国政治が犯した最悪のポピュリズムとして記録されている。

このため、全斗煥の大統領としての最後は最悪だったとまでは言えない。軍事反乱・殺人・横領などの代償がたった8ヵ月間の収監にすぎなかったのだから、刑罰の程度としてはむしろ軽すぎるのではないかと思われる。

その理由は、全斗煥時代には経済が好調だったからである。韓国経済の黄金期だった全斗煥時代への郷愁を感じる保守派の民心をなだめるために、クーデターで権力を握った独裁者たちを赦免したのだ。

当然だが、軍隊がクーデターを起こして権力を握るということは今では不可能である。もしそんなことが起これば、その政府は統治がまったくできず、全国民の軽蔑の中で権力を失うだろう。

当時もクーデターで権力を握った勢力が権力を維持するのは非常に難しかったが、全斗煥は7年もの間大統領であり続けた。人権を激しく弾圧しながらもこれほどの長期にわたって権力を維持したのもある意味すごいことだ。これもやはり経済面が優秀だったため、直接悪影響を受けない人の中には全斗煥を支持する人が多かったからだ。

全斗煥政府は歴代の政府の中でもっとも安定的に経済を成長させたが、人権状況は最悪という矛盾をはらんだ政府だった。

4章

数々の罪で実刑を受けた

盧泰愚（ノテウ）

(1932-)

大韓民国第13代大統領
（在任期間：1988〜1993）
直接選挙によって大統領に選ばれるが、
軍事反乱、民主化運動の流血鎮圧、
不正蓄財などの罪で懲役刑を受ける

ぎりぎりの勝利

韓国では1987年から全国民が直接投票できる大統領選挙が始まった。

その大統領選挙で選ばれたのが盧泰愚だが、そこに至る経緯は非常に際どいものだった。

盧泰愚は当初から全斗煥の力をバックに出馬する予定だった。

対抗馬は、野党である「統一民主党」に所属する金泳三と金大中のどちらかになるはずだった。

この2人は朴正煕独裁時代から政府に抵抗を続けてきた政治家で、ともに当時の野党である新民党で国会議員として活動していた。民主化を強く求める人々は、彼らを支持することが予想された。状況としては、全斗煥率いる「民主正義党」は不利な状況だった。

しかしここで思わぬ事態が発生する。

金泳三と金大中は、同じ党の所属とはいえ、各々の派閥を率いるライバルでもあった。党の内部も、2人のうち誰が大統領候補になるかで対立していた。

そして金泳三も金大中も絶対に譲ろうとしなかったため、結局は金大中が自分の派閥を率いて党を出て、「平和民主党」を設立した。

大統領選挙で勝たなければならない重要な時に、民主化勢力が分裂したのである。

このような状況下で大統領選挙は、全斗煥を後ろ盾にした盧泰愚、金泳三、金大中の3人の対決となった。

結果は、次のように盧泰愚の勝利となる。

盧泰愚（民主正義党）36・6％
金泳三（統一民主党）28・0％
金大中（平和民主党）27・0％

この時の盧泰愚の得票率は今に至るまで史上最低記録となっている。

当時、軍を掌握していた新軍部は軍人たちに盧泰愚への投票を強制したという証言もあるが、それをふまえて考えると、一般人からの得票率はもっと低かったと思われる。

金泳三と金大中の得票率を単純に足すと55％になる。彼らのどちらかが大義のために譲歩する態度を見せていたとしたら、55％までは得票しなかったとしても、民主化勢力の勝利は確実だったことが分かる。しかし2人とも大統領の椅子に執着したために、盧泰愚が大統領となったのだ。

当時の選挙ポスターを見ると、記号1番の盧泰愚のポスターには「これからは安定です」と書かれている。記号2番の金泳三のポスターには「軍政終息」、記号3番の金大中のポスターには「平民は平民党、大衆は金大中」（韓国語では大衆と大中の発音が同じ）と書かれている。

このキャッチコピーの背後には、当時の社会情勢がある。

この頃全国で民主化運動が活発だったのは事実だが、一般人の中には民主化運動に特に関心のない人も多かった。それらの人々に、全斗煥率いる新軍部はマスコミを利用して、「民主化運動は、北朝鮮の指令を受けた社会主義者たちが起こしている不純な運動だ」というイメージを植え付けていた。

当時は北朝鮮による侵略が実際に多かったため、一定の真実味があった。北朝鮮の脅威を感じる人々にとって「これからは安定です」というキャッチフレーズは、非常に有効なスローガンだったのだ。

また、大統領選挙（12月16日）の約半月前（11月29日）に起きた大韓航空機爆破テロも、新軍部に有利に作用した。

大韓航空機爆破テロは、パスポートを偽造して日本人になりすました北朝鮮の工作員が大韓航空機を爆破し、１００人以上の死者を出した事件だ。

当初、このテロは「北朝鮮を選挙に利用しようとする新軍部の捏造ではないか」という疑いもあった。のちにその説は否定されたが、テロが起きた後、新軍部が「北朝鮮が虎視眈々と侵略を狙っている中では、政府を転覆しようとする共産主義者（野党）よりも安定した与党の方がマシなのではないか？」と国民を誘導したことは事実だ。

そのため、一般の人々の中には盧泰愚を支持する人も少なくなかったのだ。

盧泰愚と全斗煥との違い

このような工作もあって新軍部はなんとか権力を維持したが、「与小野大」（野党が国会の過半数の議席を持つ国会。内閣制のねじれ国会と似た状況）で、野党と協力しなければ政治が難しい状態になった。

そこで盧泰愚は、前任の全斗煥とは違い、野党に融和的な態度を見せた。野党の政治家に対する弾圧を中断し、マスコミには自分への風刺を許容したのだ。

このことを、新軍部の勢力が弱くなったためだと単純に見ることはできない。盧泰愚は全斗煥と同じく新軍部出身の大統領だったが、性格はかなり異なっていた。

全斗煥の武力好きに対して、盧泰愚は知的で温和な性分だった。盧泰愚は全斗煥の軍事反乱を助けはしたものの、民間人虐殺には直接関わってはいない（筆者が知る限りではそうだ。光州で民間人の虐殺を命令したのが誰なのかはまだ究明されていないが、全斗換だという推測が支配的である)。

盧泰愚は全斗煥と違い、野党指導者とも協力する姿勢を見せたり、既存の「閣下」という大統領への呼称を「権威的なので廃止する」という指示をしたりするなど、民主的な傾向もあった。

独裁者が良く見える理由

ただし、大部分の一般人は、盧泰愚時代を「全斗煥時代よりも混乱していた」と記憶している。「ああ、民主化できて良かったね」というよりは、物価の暴騰、特に不動産価格の暴騰を思い浮かべるはずだ。

それも当然である。全斗煥時代は物価上昇率が概して3％ほどだったが、盧泰愚時代には消費者物価上昇率が6～9％に達した。

これは盧泰愚政府が無能だったからというよりは、全斗煥政府が物価安定のために非常措置をとっていたからだと説明することができる。

例えば、全斗煥政府は物価を安定させるために電力供給を制限したが、そのためには企業の投資を抑制するしかない。つまり、経済成長を人為的に抑制してインフレーションを止めていたのだ。

数々の罪で実刑を受けた
4章　盧泰愚

朴正熙政府の頃から仕事を続けてきた経済学者・金鍾仁(キムチョンイン)前財政経済部長官はこう言った。

「どの政府も、物価を強力に統制して4～5年程度物価上昇率を低く維持しようとすればいくらでも可能です。しかしそのような方法で国家を運営していると、結果的に国家経済全体が低効率・高コストになります。盧泰愚政府では、そのような物価政策はやめようということでした。そのために、それまで抑制してきた物価を現実に合致させました。いわば価格を正常化したということですよ」

しかし、一般国民がこのような事情を知るはずもない。結果的に多くの人は「全斗煥時代は生活が楽だったが、民主化後、悪くなり始めた」と考えるようになった。

これ以後、多くの人が「左派が大統領になると経済が悪くなる」「左派が大統領になるのは不安だ」と考えるようになり、社会全体で右傾化が強まる原因となった。

独裁国家が民主化されると、独裁政権が統治していた時期には隠れていた問題が一気に噴出する。実はそれらの問題は過去の独裁統治の後遺症なのだが、国民は「民主化すると生活がより大変になった。いっそ独裁の方が良いのだろうか」と考えるようになるのだ。

このような理由で、一つの党が長期にわたり執政した国家では本物の民主化を果たすことが非常に難しい。

暴騰する不動産価格への対策

盧泰愚政府時代には、物価の他に不動産価格も暴騰した。

実は不動産価格は全斗煥政府時代にも経済の好況によって大きく上がっていたが、盧泰愚政府でその価格の上昇が常軌を逸する水準になった。例えばソウルの代表的な高級住宅街である江南(カンナム)では、マンションの価格が1988〜1989年で2倍以上になっている。

こうなると、家を所有している人とそうでない人の格差が一瞬にして大きくなる。まったく同じ月給をもらっているサラリーマンでも、家を買った人と買わなかった人とでは運命が大きく異なった。

これに対して、盧泰愚政府は不動産価格の上昇を抑制するための対策を数多く発表した。税金を上げて不動産所有を抑制する一方、1989年には「住宅200万戸建設計画」を立案した。文字通り、200万戸の住宅を建設するという計画だ。

また、盧泰愚政府は大量の不動産を所有していた49の財閥に、業務用ではない不動産5700万坪と、金融機関が所有していた不動産を強制的に売らせた。法的な根拠のない措置だったが、政治権力が財閥を統制している構造だったために可能だった。

そして「土地公概念」を導入した。これは簡単に言うと「土地は個人の所有ではなく社会のものだから、不動産を所有した人に高い税金を課す」ということである。しかしこれに対する抵抗は非常に強かった。所得に過度な税金を課すことに対する法的根拠が弱かったことも原因の一つだ（これに関連する税法は１９９９年に憲法裁判所で違憲判決を受けた）。

このように盧泰愚政府はいくつもの不動産価格の安定化政策を強力に進めたが、結果的には、盧泰愚の任期中にはあまり効果がなかった。効果が出始めたのは、次の金泳三大統領の時代になってからである。

日本で不動産バブルの崩壊が起きたのも盧泰愚政府時代だったが、韓国では日本のような不動産バブルの崩壊は起きていない。これは盧泰愚政府の不動産政策のおかげで不動産価格の上昇が比較的早期におさまったからである。しかし一般的には、盧泰愚政府は「不動産価格の統制に完全に失敗した無能な政府」という認識が定着してしまった。盧泰愚政府としては悔しいところだろう。

不動産価格の暴騰は庶民の住居問題の悪化につながり、政権担当勢力が民心を失う大きな原因になる。のちに盧武鉉（ノムヒョン）政府の支持率が任期中に暴落した理由の一つも不動産価格の暴騰だった。

韓国では、不動産政策はそれ一つで政権の命運を左右する要素である。

さらに、盧泰愚政府では医療保険の対象が全国民に拡がった。朴正熙政府時にも医療保険はあったが、その対象はサラリーマンだけだった。サラリーマン以外の全国民対象の医療保険が実施されたのは1989年からで、これも盧泰愚政府の重要な業績である（誰も関心を持ってはいないが）。

そしてもう一つ、盧泰愚政府の大きな業績は、「北方外交」と呼ばれる一連の国交交渉で、ソ連、中国、ベトナムなど、それまで外交関係がなかった共産国家との国交を樹立したことである。

中国との国交はその後の韓国企業に莫大な利益をもたらし、ソ連との国交は北朝鮮の孤立の始まりとなった。そしてベトナムは、今サムスン電子の大規模工場が位置している重要な国である。

これらの外交政策は、冷戦体制崩壊という世界の激変期に迅速かつ適切に対処したと評価される。この時、保守からは大きな反発があったという。朝鮮戦争を経験した世代は、戦争を主導した国家と交流することを絶対に許せないからだ。アメリカも強く警戒したというが、盧泰愚は、共産圏との国交が長期的に大きな利益になると確信していたから、政治的に弱体化する危険をおかしても北方外交を強力に推進したのだった。

軍政時代の終焉

盧泰愚の時代は与小野大の状況だったと書いたが、盧泰愚の任期中にこのような状況が一変する事件が起こった。そしてその事件が、盧泰愚失脚の遠因ともなるので詳しく見ていこう。

当時の政党は、与党である「民主正義党」、金大中の「平和民主党」、金泳三の「統一民主党」、そして朴正熙の側近だった金鍾泌（キムジョンピル）の「新民主共和党」の４つだった。

だが１９９０年1月22日、民主正義党と統一民主党と新民主共和党の３党が突然合併を宣言する。合併後の政党名は「民主自由党」だった。

こうして政局は、またたく間に巨大になった与党、民主自由党と、野党である平和民主党の２党体制に変わった。

この合党にはさまざまな利害が関係していた。

４つの政党に分かれている状況では、どの党も強い力を発揮することができないため、力を合わせたり合党したりするのが普通である。したがって、合党については皆考えていた。

与党である民主正義党としては、ねじれ国会の状況で政策を推進するのが非常に難しいうえ、万が一金泳三と金大中が合党すれば次の大統領選挙で権力を失うことが確実だったから、それだけは阻止したかった。したがって、金大中または金泳三のどちらか一人は抱き込まなければならない。

盧泰愚は金大中に合党を提案したが、金大中はそれを断った。

それに対して金泳三は頷いた。

金泳三は、金大中と合党することも考えていたが、金大中はすでに離党して決別していたし、そのせいでどちらも大統領選挙で敗北していたので、2人の仲は良くなかった。さらに過去、新民党時代に金大中に大統領候補枠を奪われたことがあり、党の規模も金大中に対して劣勢だったため、ライバルとは合併したくないというのが彼の本音だった。

また4つの中でもっとも小さな党だった新民主共和党の金鍾泌は、朴正煕政府時代に活躍した人物だったため、野党の代表としての活動に満足していない状況だった。

こうして、民主自由党は大規模与党として誕生した。

このような合党が可能だった根本的な理由は、それぞれの政策がよく似ていたからである。経済政策はどの党も官僚主導で、財閥中心、輸出中心の成長を追求していたからまったく同じで、教育・外交などの政策にも違いはなかった。与党と野党が合わさるからといって、政策を変える必要がなかったのである。

論点は、「民主化勢力である野党がクーデターで権力を握った新軍部と野合するのが正しいのか」という点だった。

そのため、統一民主党に所属していた多くの国会議員は合党に猛烈に反対した。そのため党首の金泳三は一人一人に会って説得しなければならなかった。中には最後まで合党に反対して離党までした人もいた。そのうちの一人が、金泳三の勧めで政界に入った盧武鉉だ。正義感が強く若い彼としては、独裁権力との野合を絶対に認めることができなかったのである。

しかし後述するが、結果的には金泳三の判断の方が良かった。金泳三は政治的手腕を発揮して合党後の民主自由党を完全に掌握し、大統領候補にまでなる。与党との合党の直後、金泳三は批判の声に次のような返事をした。

「虎を殺そうとするならば虎穴に入らなければならない」

そして盧泰愚を、「大統領選挙で自分を候補にしなければ党を出て反政府運動を展開する」と脅した。

こうなると盧泰愚には選択の余地がなかった。盧泰愚はもともとは北方外交の実務者だった朴哲彦(パク チョルオン)などの自分の側近を大統領候補にしたかったが、仕方なく金泳三を支持し、その結果、金泳三は党内の予備選挙で大統領候補に選出された。

これが可能だった理由は、当時の新軍部には知名度の高い政治家がいなかった一方、金泳三は昔からの民主化闘争で知名度が高かったからである。

規模は大きいが無能な新軍部の与党に、長期間の政治経験で鍛えられた金泳三とその仲間が入ることで、彼らは優れた政治力で一瞬にして党を掌握してしまったのだ。

それでも巨大派閥のハナ会は金泳三の大統領当選後、軍の人事を勝手に決めたりして、勢力争いを始めた。初めから金泳三のやる気をくじくつもりだったのだ。

だがハナ会は金泳三がどんな人物かをちゃんと把握していなかった。金泳三は就任するや否や、軍内の派閥問題の深刻さについて報告させ、1週間でハナ会に属していた40人の将軍を電撃的に解雇してしまった。

ハナ会は、「こんなことをするのなら軍はクーデターも起こせる」と強く反発したが、金泳三は逆にハナ会の将軍を最後の一人に至るまで排除してしまった。

この粛清は非常に素早く実行されたため、与党内にあった軍内のハナ会を支援する派閥も無力化された。ハナ会はクーデターを起こすどころか、すっかり排除されてしまったのだ。

もっともこの頃は、すでに軍を利用したクーデターは不可能な時代になっていた。

新軍部が1987年の「6・29民主化宣言」で大統領直接選挙制を受け入れたのも、国民の命をかけた抵抗とアメリカからの警告のためで、独裁体制の維持が不可能になったことを知ったからである。

この3党合党と軍事改革の結果として、ハナ会は政界ではもちろん、軍内でも没落してしまった。

そして1992年、金泳三が第14代大統領に選ばれたことで、軍が国家を統治する時代は完全に終わり、民主化の時代が始まったのである。

民主化後に判明した不正蓄財

民主化の時代が始まると、独裁時代の膿を出す作業が始まった。当然、盧泰愚もその標的となった。

罪状は全斗煥と同様で、次の３つである。

・収賄・横領・不正蓄財
・１９７９年の「12・12軍事反乱」
・１９８０年の「５・18光州民主化運動」の流血鎮圧

とはいえ、金泳三の当選後すぐに裁判が始まったわけではない。全斗煥と盧泰愚が検察に拘束されて裁判を受けたのは、金泳三の大統領就任3年目の１９９５年である。

大統領の任期は5年なので遅すぎるという印象もあるが、こうなった理由は、当時はまだ社会の随所に新軍部の支持勢力のなごりがあったからだ。

金泳三大統領は、１９９３年5月には12・12軍事反乱を「下克上によるクーデター」として検察による捜査を始めたが、検察は1994年10月に「明白な軍事反乱だが、これらを起訴すると、不必要に国力を消耗するおそれがある」という、とんでもない理由で起訴猶予処分にした。韓国の検察は軍政時代は強大な権限を持っていたが、その検察は新軍部の一部だったためである。

当然、検察のこの措置は国民と民主化勢力から強い非難を受けたが、検察の動きから分かるように、まだ新軍部の影響力が完全になくなったわけではなかった。むしろ彼らは、軍政時代に不正に蓄財した莫大な資金を基盤として新しい政党を作って復活しようとしていた。

そこで金泳三の側近中の側近である徐錫宰(ソソクジェ)総務処長官は、1995年8月、4000億ウォン（約400億円）の裏金についての情報をマスコミに提供する。

これは一般的に「盧泰愚裏金事件」と呼ばれるが、4000億ウォン全額が盧泰愚一人の財産というわけでなく、全斗煥など新軍部の所有資金を含めた額だった。

発見されたお金は100億ウォンずつ40の借名口座に分散して預金されており、当然ながらそれは新軍部が不正に集めた資金の一部だった。金融実名制がなかった時代だから、このうちのいくらを全斗煥・盧泰愚個人が着服し、いくらを側近が着服し、そしていくらが新軍部の政治資金として使われたかは分からない。しかし、新軍部が任期中にどれくらい賄賂を受け取ったか、大体の金額を知ることはできる。

当然だが、政治と経済が癒着した体制の下では不正蓄財のほとんどは大企業から出される。検察が大企業のオーナーを呼び出し、盧泰愚政府にいくら渡したかを調査したところ、その金額は50億ウォンから350億ウォンまで多様だった。

検察は賄賂の額によって財閥をA・B・C・Dの4つの等級に分類した。300億ウォン以上はA、200億ウォン程度ならB、150億ウォン程度ならC、100億ウォン程度はDとした。

その結果は次の通りだ。概して賄賂は企業の規模に比例することが分かる。

A等級：サムスン、現代、大宇、LG、ロッテ
B等級：SK、韓進、大林、双竜
C等級：斗山、東亜、東部、真露、豊山、三扶土建、東洋化学、漢陽
　　アモーレパシフィック、ハンボ、ハンファ(Hanwha)
D等級：起亜自動車、錦湖、暁星、極東、大韓電線、コーロン、ヘテ、デサン(Daesang) など
(企業名は現在の名前)

権力者からお金を要求されれば、企業はそれを断れない。しかし企業はむしろ賄賂を渡す代わりに「何をしても良い権利」を獲得した方が楽かもしれない。このような状況で、企業が大統領の家

族や親戚に賄賂を渡して特権を得ようとするのは当然だろう。

企業だけではなく政治家たちも、最高権力者の家族と親戚に賄賂を渡して権力を得ようとした。盧泰愚の娘である盧素英(ソヨン)も、不正の対価としてもらった貴金属や外貨の違法搬出の疑いで3回も検察の調査を受けている。

このような事実は後になって明らかになった。権力の中枢部が完全に腐っていたのだからその不正をいちいち記述することには意味がないかもしれないが、全斗煥と盧泰愚が拘束された直接の原因は、マスコミが大々的に報道した「4000億の裏金」だった。金泳三政府が全斗煥と盧泰愚を拘束するために世論が有利に展開するように裏金の件を暴露したのだ。

実刑判決を受ける

全国民に前大統領の不正が知れ渡ると、先に盧泰愚が拘束され、その後全斗煥が拘束された。そして1996年8月26日の1審裁判では、12・12軍事反乱と5・18光州民主化運動の流血鎮圧について「被告人の軍事反乱などがすべて有罪と認められる」とされ、全斗煥に死刑、盧泰愚に懲役22年6ヵ月が宣告された。

これに対する世論調査では、2人に1人が、全斗煥と盧泰愚を赦免しなければならないという主

数々の罪で実刑を受けた

4章　盧泰愚

張に賛成している。これは、韓国では民主化への要求も強かったが、長かった軍政の間は経済が比較的良好だった点を高く評価する人が多かったためだ。

このような状況になると、右派が政権を握るか、民主化勢力が政権を取っても何らかの理由で右派の支持が必要になれば、全斗煥と盧泰愚は赦免される可能性が大きい。

日本のマスコミは、全斗煥と盧泰愚がいつごろ赦免されるかを推測して記事にしていた。死刑宣告はされたが、どのみち赦免されるだろうと予想していたのである。

判決を待つ全斗煥と盧泰愚

控訴審では、全斗煥と盧泰愚は減刑されて懲役17年を宣告された。

しかし1997年4月17日の最高裁判所の最終宣告では、全斗煥に無期懲役と2205億ウォンの追徴金、盧泰愚には懲役17年と2628億ウォンの追徴金が宣告された。

この量刑であれば、後に赦免されるとしても、何年かは監獄に入らなければならないと予想できる。

しかし日本のマスコミの赦免予想は思ったよりも

早く的中した。この年の10月、韓国に最大の危機が訪れる。

通貨危機である。

タイから始まった通貨危機は韓国にも深刻な影響を与え、建国以来最大の危機に陥った。

そして盧泰愚の運命にも大きな影響を与えた。

任期の終盤にさしかかっていた金泳三大統領と与党の支持率は暴落した。そして12月18日の大統領選挙で与党は負け、野党の金大中が当選した。

1997年12月22日、任期を終えた金泳三と、次の大統領である金大中は、お互い合意のうえで「国民大和合」を名目として、全斗煥と盧泰愚を特別赦免した。そして最終的には、内乱時にみずからの権力のために国民を虐殺した者への刑罰は、たった8ヶ月の収監で終わったのだ。

ちなみに、盧泰愚は宣告された追徴金を全額納めたが、全斗煥は宣告された額のうち1200億ウォンをいまだに納めていない。この点では盧泰愚は全斗煥よりも良い評価を受けている。

全斗煥と盧泰愚は同じ裁判で裁かれたので、ここでまとめてその理由を整理してみよう。

まず、裁判が行われた頃には、彼らの軍事独裁という体制はもう通用しない時代になっていたという点がある。

朴正熙の時代からすでに多くの人は民主主義を願っていて、民主化のための闘争が大学生を中心

数々の罪で実刑を受けた
4章　盧泰愚

に続いていた。しかし新軍部は自分たちが権力を握ったのだから何をしても良いと考え、国民の命をかけた抗争を残忍に鎮圧して国内外の世論を悪化させた。

民主化勢力に対する殺人や拷問が続くと、その反発で学生運動はさらに必死になるという悪循環に陥り、もう新軍部は権力を維持することができなくなった。

そのような時代に大統領になったのが盧泰愚だった。

盧泰愚は全斗煥と比較すると民主的だったが、時代の潮流に乗った金泳三や金大中のような政治家と比較すれば、軍事独裁のなごりを持つ新軍部側の大統領だった。そして新軍部は、与小野大の政局を解決するために金泳三と合党したが、結果的には金泳三によって党を内部から掌握されてしまった。

そこに追い打ちをかけるように、民主化勢力は全斗煥と盧泰愚が不正蓄財についてマスコミに告発した。国民がそれを知ると、２人への刑罰は避けられなくなった。

そうして拘束された盧泰愚は、実刑判決を受けることになったのである。

5章

息子が逮捕された

金泳三（キムヨンサム）

（1927-2015）

大韓民国第14代大統領
（在任期間：1993〜1998）
初の文民政府の大統領となるが、
息子が収賄の罪で逮捕され
実刑を受ける

83％を記録した支持率

前章では、金泳三がどのように独裁政権を倒し、大統領に就任したかを書いた。民主主義のヒーローのように感じられたかもしれないが、この章では、その後金泳三が大統領としてどのような仕事をし、どのような最後を迎えたかについて書いていきたい。

結論から言えば、金泳三は韓国経済の没落と、お金にまつわる不正という2つの悪材料によって不本意な最後を迎えたと言える。

具体的に言えば、前者は通貨危機で、後者は金泳三の息子が犯した不正だ。

息子が犯した不正自体も大きな問題だったが、金泳三の末路の原因を考えればそれは副次的なもので、影響が大きかったのは通貨危機の方だった。

金泳三の支持率は、初期には83％ととても高かった。これは文在寅が２０１７年に塗り替えるまで歴代最高記録だったが、任期末には６％にまで急落する。この天国と地獄のような記録は今も塗り替えられていない。

この暴落の直接的な原因が、１９９７年に発生した通貨危機だ。通貨危機は金泳三の運命を変えただけでなく、数多くの韓国企業を倒産させ、その後の国の運命さえ変えるほど大きな事件だった。

まずは、そこに至るまでの経緯を、金泳三の業績とともに見てみよう。

金融実名制の実施

金泳三は最初の「文民大統領」、すなわち軍人ではない初の大統領で、人気が高かった。

そして彼は、任期初期にとても重要な二つの改革を成功させた。

一つは、盧泰愚の章で書いた通り軍の改革、すなわちハナ会の排除で、二つめは金融実名制の実施だった。


当時は銀行で口座開設をしたり取引をしたりする時に実名を使う必要がなかった。

これは朴正熙時代の負の遺産と言える。朴正熙政府は、銀行よりも大規模だった闇金融をなくして銀行に預金をするよう人々を誘導したが、そのためには、ひとまず仮名でも取引ができるようにしなければならなかった。

しかし当然ながら、これは腐敗と脱税の元凶となった。全斗煥の就任以後は、借名口座を利用した巨大な金融詐欺犯罪も発生した。そのため、実名での金融取引を徹底しなければならないという世論が大きくなったが、問題は、それをどのように行うかだ。全斗煥政府の「経済大統領」だった金在益（キムジェイク）も、強い意志で金融実名制を行おうとしたが、既得権を守ろうとする勢力により挫折している。実現のためには、既得権勢力の反発を最小化する必要があった。

この点、金泳三には、奇襲で軍内部のハナ会の排除に成功したという経験がある。金融実名制もこれと似た方式で実施されることになった。

ただし、金融実名制を国会で立法したりすれば、その準備中にブラックマネーがすべて引き出されてしまう。したがって、金融実名制の実施は就任初期に大統領の「緊急命令」で処理するしかなかった。

緊急命令というのは憲法で定められた大統領の権限で、国会で立法した法律と同じ効力を持つ。いくら大統領でもむやみに使うことはできないが、金融実名制を成功させるためには選択の余地はなかった。

就任から4ヵ月目の1993年6月末、金泳三は経済副総理と財務部長官を呼び出して金融実名制を密かに準備するよう指示した。命を受けた2名は特別チームを結成して、周囲には仕事で外国に行くと嘘をつき、1ヵ月の間、孤立したオフィスに特別チームと一緒にこもって準備をした。

当時、この事実は国務総理も知らなかった。経済首席秘書官も金融実名制に反対する人だったため、はじめから知らせなかったという。そして同年8月12日の夕方7時、金泳三は大統領緊急命令を発動して、金融実名制を電撃的に実施した。

この措置の核心は「口座は実名の確認なしで引き出さないこと」と、「3000万ウォン以上を引き出す場合は国税庁に申告しなければならない。この場合は資金の出所を調査することができる」という点だった。こうして一瞬にしてブラックマネーの銀行での取引が不可能になったのだ。

当時、銀行の窓口では大きな混乱があったという。株式市場でも当日の株価が暴落するなど、一時的なパニックはあった。そして新聞は「金融実名制のせいで経済が危機に陥った」という記事を掲載して非難した。

金融実名制はあって当然の制度だし、その必要性は全斗煥政府時から常に提起されていたのだから、新聞がこのように反応したことはちょっと理解できないかもしれない。

その理由は、韓国の新聞は大部分が保守派で、財閥などの既得権の味方であるからだ。

ここで韓国の新聞社について少し説明したい。

韓国の大手新聞社は、朝鮮日報、中央日報、東亜日報の三つである。これらは皆論調が保守系の新聞で、まとめて「朝中東」と呼ぶ場合が多い。

他に朝中東より購読率が低い「ハンギョレ新聞」と「京郷新聞」があるが、これらは進歩派（左派）の論調の新聞である。

ハンギョレ新聞は腐敗した保守勢力と結託した保守派の新聞を批判するために、国民からの義援金で1988年に創刊された新聞だ。

ハンギョレは「同じ民族」という意味で、北朝鮮と仲良くしようという昔からの左派の思想をよく反映している。時には「これは北朝鮮の新聞の記事ではないか」と思わされるほどの極端な思想が書かれている場合もある。京郷新聞は李承晩政府の時に創刊された新聞で、歴史は長いが市場占有率は非常に低い。一般的に左派の人は新聞を読むよりインターネットから情報を得る人が多く、それが左派新聞がシェアを高められない原因となっている。

つまり、保守・極右の新聞がトップシェアを、進歩派の新聞が最低シェアを持つという、独特の構造だ。日本でいうと、産経新聞が圧倒的なシェアを占めていて、朝日新聞と毎日新聞は購読率が低く、かろうじて延命しているというような状況になる（特定の新聞が腐敗しているという意味ではなく、右派と左派傾向のみを考慮した比喩である）。

これは大統領の支持率にも大きな影響を与える。若者は新聞を読まないが、新聞社の力はのちの大統領（盧武鉉、朴槿恵など）の運命に大きな影響を与えるので、韓国の新聞社を理解しておくと、韓国政治の理解に役立つだろう。なお、近年では中央日報が中道左派に変わっている。

金泳三の時代のマスコミは今の環境とはかなり雰囲気が違っていた。インターネットもなかったし、右派以外のマスコミは少なかった。財閥が嫌った金融実名制の実施を批判する記事が多かったのは当然だ。

金融実名制の実施後は、一時的な混乱はあったが、マイナス面よりもプラスの面の方がずっと大きかった。地下経済が壊滅したことで、さまざまな不正・腐敗が劇的に減少した。

もしこれが実施されていなければ、現在の韓国はギリシャよりも悪い状況に転落していたかもしれないと評されるほどだ。賄賂や横領などが巨大な地下経済を形成してしまうほど腐敗したシステムは、外部からの小さなショックにも簡単に崩れてしまうからだ。

かつてサムスングループに勤めていた弁護士・金勇澈（キムヨンチョル）が書いた、サムスン内部の不正を告発した『サムスンを考える』（邦題『サムスンの真実』）を読むと、サムスンのオーナー一家が横領したお金を役員の名義で分散して預金するという記述がある。ときには役員が「これは私のお金だ」と主張してお金を奪われたこともあるという。

この本の内容が事実なら、横領をする大企業のオーナーはこのような危険と不便を承知のうえで裏金を管理していることになる。金融実名制があってもこの状況なのだから、もしなければ横領の金額は統制不可能な水準になっていただろう。

金融実名制の電撃実施は金泳三の人気をさらに高めた。この改革は、彼を支持しない人さえも認める業績である。

日本文化の禁止

前述したように、金泳三に対する支持は非常に高く、「文民政府」への期待も高かった。

これを説明するためには、前任の盧泰愚時代に民主化が行われてからの社会の雰囲気を知る必要がある。韓国の民主化は一気に行われたのではなく、盧泰愚政府から金泳三政府に至るまで、独裁勢力が徐々に没落していく一方で、民主化勢力が強くなっていくという形で行われたからだ。

文民政府になったことによる変化といえば、まずマスコミが民主化されたことが挙げられる。以前は独裁政権の広報をしていた地上波テレビ放送は、過去の自分たちの過ちを反省する番組を放送し始めた。また、保守が支配していた新聞業界でも、前述のように、進歩派のハンギョレ新聞が創刊された。

そして、長い間抑圧されていた労働者たちは、自分たちの正当な権利を要求するために本格的な労働運動を始めた。その一つとして、左派の教師の労働組合である「全教組」が誕生した。この時期には、他にもいろいろな市民団体の活動が始まった。

このように社会の各所で多くの人が自分の権利を要求し始めたのは盧泰愚政府時代からだった

が、盧泰愚政府はこれが好きではなかった。文民政府になってから、自由がさらに拡大したのだった。

また、金泳三の時代は、社会の雰囲気が自由になってきて、音楽・映画などの文化水準の上昇が始まった時期でもある。後に日本でも人気を博すようになる韓流の起源は、民主化時期の文民政府にあると言える。

ただこの頃の韓国の大衆文化は胎動期にすぎなかった。もっとも人気があった大衆文化は日本のコンテンツだった。

1980～90年代は日本文化の黄金期でもあったため、アニメーションや音楽などの日本の文化コンテンツは韓国でもかなり人気があった。朴正熙時代には『マジンガーZ』や『グレートマジンガー』が放送されて人気を博していた。

富裕層はWOWWOWTVなどを通じて日本のテレビ番組を視聴し、子供たちはガンダムのプラモデルなどの玩具やアニメーションに熱狂し、青少年はX-Japanなどの音楽に耽溺した。

現在では日本文化の人気は小説などの分野に限るようになったが、当時はほとんどすべての分野で日本文化の影響力が強かった。

皮肉なのは、日本文化が最高の人気を博していた当時は、日本文化の韓国での開放が禁止されていたことである。だから、日本のアニメーションが好きな人々は海賊版を買わなければならなかった。海賊版だけに字幕があったという事情もある。だが画質などの問題（当時はＶＨＳテープの時代だった）があったので、正式に発売されたものを観たいという人の中には日本語を勉強する人もいた。

日本文化の禁止に対しては多くの人が批判していた。例えばＸ－Ｊａｐａｎの訪韓時、新聞は「最後の禁忌、日本が来る」というタイトルで大きく報道したが、これを見た人々は「一体なぜ日本が最後の禁忌なのか？」という反応だった。特定の国家の文化の流入を全面禁止することは、当時の常識でもとんでもないことだったからだ。

また、前出の『マジンガーＺ』と『グレートマジンガー』が日本のアニメーションだということを、当時の人々は知らなかった。それが日本のものだということを放送局は徹底して隠していたからだ。

日本文化を開放しようという世論が優勢だった理由は、このような矛盾のせいでもあった。もう日本のコンテンツに皆が接している状況で、それが日本のものだということを隠すことに何の意味があるのかということだ。

独裁が終わったのだから日本文化も開放すれば良かったのだろうが、金泳三は反日的な思考が強い人物だったので、実現することはなかった。金泳三について記述されたいろいろな書籍によると、日本統治時代、金泳三が通った小学校の校長が朝鮮人学生を差別する人だったから、幼い頃から日本に対する反感が大きかったというが、それが事実かどうかは不明だ。日本文化の開放は次の金大中政府時代に実現する。

金泳三は就任後の１９９３年に朝鮮総督府の建物を撤去する計画を発表し、１９９５年にそれを実行する。

朝鮮総督府の建物は１９１０年の大日本帝国による韓国併合に際して建設されたもので、昔の王宮をふさぐ位置に過去の文化財を破壊して建てられていたため、特に反日的な大統領ではなくても撤去を考えたことは以前にもあった。実際に撤去計画は李承晩時代からあったが、当時の技術では解体が難しかったため放置されていたのを、金泳三は実行に移したのだ。そして大衆も政府の決定を支持した。

このように、金泳三政府の時代は、韓国社会の民族主義やナショナリズムがかなり強い時期だった。そして金泳三政府の反日的傾向は大衆の人気と符合した。

さきほど「日本文化が大きな人気を博していた」と書いたことと矛盾があるかもしれないが、韓国の反日感情は歴史に限ったことで、文化など他の分野では無関係なのである。

もっとも、金泳三政府には初期から悪材料もあった。大きな事故がやけに多かったのだ。

就任の1ヵ月後、列車「むくげ号」の転覆事故が発生して多くの人が死亡した。その他にも、1993年にはアシアナ航空墜落事故、1994年には聖水大橋崩壊事故、1995年には三豊百貨店崩壊事故が発生し、多くの人命が奪われた。

このため、「金泳三政府時代にはいろいろな大事故がたくさん起きた」というイメージが生じた。しかし、崩壊事故があったのは朴正煕~全斗煥時代の高度成長期に建てられた建築物だった。腐敗した軍政下で経済成長している時期に建設された建物がしっかりしているはずがない。

そこに追い打ちをかけるように任期末の1997年に通貨危機が発生し、それをきっかけにして金泳三は決定的に没落してしまう。

通貨危機とその原因

1997年の通貨危機は韓国だけのものではなく、タイを皮切りにアジア各国に拡散したものだった。タイと韓国の通貨危機は少し事情が違うが、ドルの不足によって企業と金融機関が倒産したという点では同様なので、通貨危機の元祖ともいえるタイのケースを簡単に見てみよう。

タイの通貨危機の原因は、タイのバーツが固定相場制を採用していたために発生した。

固定相場制とは、ドルに対する自国貨幣の価値を一定に維持する方法だ。例えば、1ドル100円というように固定するのである。一見簡単なので良い方法のように見えるかもしれない。しかし実施のためにはかなり複雑な政府の介入が必要になる。

すべての商品と同じく、貨幣も多い方の価値が低く、少ない方の価値は高い。例えば、外国資本が日本に入ってくると市場にドルが流入する。ドルが多くなるからドルの価値は下落し、相対的に円の価値は上昇する。外国の投資家が日本からお金を回収すると逆のことが起こる。ドルが少なくなるからドルの価値は高くなる一方、円の価値は相対的に下落する。

すなわち、為替レートを一定に維持しようとするなら、市場に存在するドルと円の量の比率を一定に維持する必要があるということになる。そのためには、いつでも市場で円を買えるように、大量のドルを手元に準備しておく必要がある。

ところが、何らかの原因により想定以上の大量のドルが一気に流出するとどうなるだろうか？日本政府はバランスをとるために手持ちのドルで円を買わなければならないが、その状況が長く続くと、保有したドルが尽きてしまうだろう。

日本の円で分かりやすく説明したが、これが通貨危機の基本的な構造である。

タイが固定相場制を採用した理由は、自国通貨の価値を人為的に下げるためだった。そうすれば輸出が増えるし、外国の投資を誘致するのにも有利だからだ。

しかし1997年5月頃からアメリカで金利が上がり始めると、すぐにドルがタイから大量に流出したため、タイは為替レートを維持するために、ドルを大量に使ってバーツを買わなければならない状況になった。

ところがドルの流出速度が早すぎて、保有したドルをすべて使ってもバーツの維持は不可能になった。その結果、バーツの価値は暴落し、国家存亡の危機に陥ってしまった。

韓国がタイと異なるのは、韓国は固定相場制ではなかったという点である。

韓国で通貨危機が起こった原因は、政治と経済の癒着による大企業および金融機関の不誠実、そして金泳三政府の意図的なウォン高政策の二つだった。

政治と経済の癒着は過去の軍事政権の負の遺産だ。

韓国の大企業は独裁政府のサポートのおかげで莫大な借り入れをし、易々と経営をしていた。1990年代末に30大財閥系列会社を調査した結果によると、総資産の中での自己資本率は約16％にすぎなかった。これは深刻な水準である。例えば、全財産が1600万円の人が借金をして1億円の家を買ったとしたら、誰が見ても借金が多すぎると思うはずだ。

韓国の大企業は規模は大きかったがその大部分が負債であるという状況だった。このような状況では、外的要因が少しでも変化すると企業はお金を返すことができなくなり、お金を借りづらくなるはずだ。

しかし実際は、大企業がいくら過度な借り入れをしても政府は許容した。その理由は、財閥を中心にして急速に経済を成長させたかったからだ。大企業が「工場を建てるお金が必要だ」と言えば、政府はすぐに銀行に「大企業が工場を建てるからお金を貸せ」と命令する。だから大企業は政府の政策に順応しさえすれば、いくらでも安い利子でお金を借りることができた。財閥はこの点を利用して、事業を言い訳にほとんど無限にお金を借りたのだ。しかも政界や金融界の首脳部に賄賂を渡していたという説もある。

借金で安易に拡張した事業は当然いつか潰れる。しかし、大企業中心で経済成長を推進してきた政府は大企業の倒産を放置できなかった。こうして韓国の財閥は、いくら借金をしても、どんな経営をしても、絶対につぶれないという状況を作ることができたのである。

一方、金融機関の能力は低下した。

軍政下では、金融機関はみずからの判断でお金を貸したり回収したりする必要はなく、独裁政権の言うままに財閥にお金を貸すだけだ。しかし財閥がビジネス上手かといえばそうではなく、収益はマイナスなのに政府に依存してずっと借金し続け、事業を拡張するケースが多かった。不誠実なのは大企業だけではない。金融機関も同様だったのだ。

1997年には､国内の26の銀行のうち18行が赤字だった。原因は不良債権が多かったことだが、これは借りたお金を回収することができなかったということを意味する。ちなみにCITIバンクなどの外資系銀行は、国内の銀行と違って皆黒字だった。

そのような中で、財閥の一つであるハンボグループのオーナー・鄭泰守(チョンテス)は、5兆7000億ウォンという天文学的なお金を銀行から借りた。そして、その一部を横領した。当然のごとくハンボが倒産すると、銀行は回復不可能なほどの致命傷を受けた。朝興銀行・第一銀行・外換銀行などは信用等級を下げられ、韓国企業は外国資本からの信頼を失った。

基軸通貨（現在は米ドル）を使わない国家で経済を維持するために一番重要なのは信用である。信用を失えば外国人はお金を回収するのでドルが消え、通貨危機を誘発する。

ハンボの巨大な詐欺は、韓国という国が信頼を失う決定的な要因であり、韓国の通貨危機のきっかけにもなったのである。

このような状況下でも、金泳三政府は意図的にウォンの価値を高く維持する政策を実施した。金泳三は〝先進国クラブ〟〝金持ちクラブ〟と呼ばれるOECD（経済協力開発機構）への加入を目標にしていたが、そのためにはGDP（国内総生産）を1万ドル以上にしなければならない。

それを達成するもっとも簡単な方法は、為替市場に介入してウォンの価値を高めることである。そのためには、市場のウォンを減らす必要がある。つまり政府が保有するドルでウォンを買わなければならない。そうすればウォン高は達成できるが、持っていたドルは消える。

それでも金泳三政府はウォン高の状況を作った。その結果、1997年10月末に約300億ドルだった外貨が、12月末には約200億ドルにまで急減した。しかもこのことを知った外国人投資家が債権を回収してドルを持ち去ってしまったため、韓国のドル不足は加速した。

そして国家破産寸前に陥り、最終的にIMF（国際通貨基金）による救済を受けることになったのだ。

金泳三は歴代大統領の中でも指折りなほどに反日傾向が強い人で、任期の初期から反日発言で注目を浴びていた。通貨危機が発生した際も、日本の助けを借りれば危機を免れることもできたはずだが、日本が金泳三政府を助けなかったのは金泳三の反日傾向のせいだという説もある。

いずれにしても、通貨危機によって、ほとんど毎日大企業の倒産が報道されるほど韓国経済は深刻な状況に陥った。

大企業さえ潰れるのだから、中小企業が生き残るのはほとんど不可能だった。その結果、多くの人が失職した。リストラされた人が家族に失業した事実を話すことができず、スーツを着て公園に行ってブランコに乗ったり、山登りをした後に家に帰るということもあった。現在貧民となっている人の中には、当時失職した後再就職ができなかった人も多い。

この頃から全体主義の傾向は個人主義に変わっていき、結婚率と出産率は低くなり、就業時に企業よりも公務員を好む傾向が生じた。つまり、今日の韓国社会にはびこる社会問題はこの時期に生まれたものと言える。

腐敗を生む権威主義

このような一連の事情が分かると、「韓国の経済首脳部には愚か者しかいなかったのか」という疑問が生じる。原理さえ理解すれば、小学生でも犯さないような間違いだからだ。

もちろん、OCEDへの加入は先進国になったという象徴的な意味を持つ大きなものなので、大統領が熱望することは理解できる。しかしそのためにドルを消耗すれば通貨危機が起こるということを忠言する人は誰もいなかったようである。いたとしても自分の主張を最後まで貫くことはできなかったのだろう。

なぜそうなったのだろうか?

民主化は達成されたが、権威主義が消えたわけではなかったからだ。

政府の首脳部には著名な経済専門家もいて、彼らは通貨危機の原理を理解できないほど馬鹿なわけではなかっただろう。ただ、上司の提案に反対意見を出すことを恐れたのだ。上司が命令するならその通りにするだけ、質問など迷惑だと思うような権威的な文化の中で、あえて上司の提案に反対意見を言うことは難しい。

権威主義は人を愚かにする。愚か者と奸臣を昇進させて、正しいことを言う人を淘汰する。専門家に必要なのは専門的な知識のみではなく、上司が間違った主張をした時に自分の主張を最後まで貫徹できる胆力だ。

しかし正しいことを言う人よりも、愚かでも上司の言いなりになる人を出世させるシステムでは、本来は有能な人であっても自分の知識を組織のために使おうとはしない。適当に上司の機嫌をとって、クビにならないように行動するのが最善だからである。

その結果、権威主義のもとでは、無能というだけではなく人間性も劣った人々が首脳部の要職を占めるようになる。韓国で政府が変わっても巨大な不正が常に発生するのは、このような原因が根本にあるのである。

政府が腐敗しているか清廉かは、独裁政府か民主主義政府かという点とは関係がない。詭弁のように聞こえるかもしれないが、事実である。

例えばシンガポールは独裁体制だが政府には不正がなく、公務員は清廉だ。公務員組織が、権威や上司に対する服従や忠誠ではなく、システムによって働いているからである。そして、金泳三政府は民主主義政府であったにもかかわらず腐敗した。権威主義に支配された組織だったからである。政府の清廉度は、体制が独裁政府か民主主義政府かより、権威主義かそうでないかにかかっている。

息子の不正と逮捕

金泳三による民主主義政府でも不正が発生したことは人々を失望させた。

ハンボへの巨額の貸し出しに関する不正は通貨危機の決定的な要因になったが、これに金泳三の息子金賢哲(ヒョンチョル)と側近である洪仁吉(ホンインギル)が関わっていたことは金泳三の名誉を失墜させるに十分だった。

検察が調査した結果、金賢哲は放送局社長の任命と、高速道路のサービスエリアの入札の不正に介入するなど、国家の利権に関わるいろいろな不正を犯したという事実が明かされたのだ。

加えて、1992年の大統領選挙で使った後に残った120億ウォンを、金賢哲が自分のお金として持っていたということも判明した。

不正に関わった多くの企業家による証言やビデオ録画記録などの証拠があったため、金賢哲の実刑は不可避だった。彼はあまりにも広範囲にわたる不正を犯し、数多くの証人を作った一方で、完壁な証拠隠滅をしないという大きなミスを犯していた。

このことは、のちに朴槿恵（パククネ）が犯したあやまちと似ている部分がある。

絶対的な権力を持っているうちは自分の権力が永遠に続くように錯覚するが、実際は大統領の権力は任期が終われば消滅する。金賢哲の権力は「小統領」または「六共和国（金泳三政府）の皇太子」と呼ばれるほど大きかったが、その権力は長くは続かなかった。

検察に出頭する金賢哲

6章

3人の息子が逮捕された

金大中（キムデジュン）

（1925-2009）

大韓民国第15代大統領
（在任期間：1998～2003）
民主化運動家から大統領になるが、
任期末に3人の息子が収賄の罪で逮捕され
謝罪に追い込まれる

日本で実行された金大中暗殺計画

金大中は歴代大統領の中でもっとも過酷な人生を送った人物と言える。

彼は朴正煕政府によって自宅に軟禁されたり、謎の交通事故のせいで一生足を引きずることになったりしたあげく、暗殺事件にまで巻き込まれている。同志であると同時にライバルでもあった金泳三が、軍事政府から比較的良い待遇を受けていたのとは対照的である。

なぜそのような差がついたのかといえば、彼が民主化のために徹底抗戦を続けた人物だったからだ。軍事独裁政権にとって、金大中はこの上なく目障りな存在だったと言える。


金大中は1961年、34歳で選挙に初めて勝ち、国会入りを果たしたが、その3日後に朴正煕による「5・16軍事クーデター」が起こったために何もできなかった。

2年後の選挙でふたたび勝利し、国会に席を得た後はその席を守り続け、1971年の大統領選挙に出馬することになるのだが、彼の苦難の発端の一つは、この大統領選挙にある。

この時の大統領選挙で彼は、朴正煕の3選を止めるために野党（新民党）の候補となった。

結果は朴正煕の勝利だった。しかし、このときの得票率が朴正煕に危機感を覚えさせた。

朴正煕が53・2％、金大中が45・3％だったのだ。

３人の息子が逮捕された

６章　金大中

この善戦もあり、その後金大中は数々の妨害工作に苦しめられることになる。大統領選挙の前後から、金大中の周辺では怪しい事故が多発していた。

1月には、自宅の庭で小型の爆弾が爆発した。

4月の選挙で朴正煕が勝った後も、金大中が乗った車に14トンの大型トラックが衝突した。金大中はその事故で深い傷を負い、足に障害が残った。

このような怪しい事故が頻発したことで、金大中はその後、韓国、日本、アメリカを往来しながら活動するようになる。しかしそれでも軍事政府の脅威から逃れることはできなかった。

1972年10月、朴正煕が維新体制を宣布して本格的な独裁を始めると、金大中はアメリカで「韓国民主回復統一促進国民会議」（一般的には「韓民統」と称する）という団体を組織して、海外の韓国人社会を中心に反政府闘争を開始した。

翌年の8月、金大中は韓民統の日本支部を設立するために日本に入国し、ホテルグランドパレスの2212号室に泊まっていた。その時同じホテルに、維新体制が宣布された後に立党した「民主統一党」の代表・梁一東（ヤンイルトン）が滞在していたので、彼に招待されて同じホテルに泊まったのである。

実は金大中の妻・李姫鎬（イヒホ）は、夫が日本を訪れる前に、梁一東は信頼できない人だから会わないように勧めていた。

なぜ李姫鎬が梁一東を嫌ったのかは知られていないが、梁一東がご都合主義に見える言動をしたからだと思われる。しかし金大中は梁一東を信頼したらしい。２人とも野党の代表だから、同志が必要だと思ったのかもしれない。

だが金大中は梁一東と会談をした直後、何者かにいきなり襲撃され、空いていた２２１０号室に監禁された。そして麻酔をかけられ、意識を失ったまま大阪に連行された。

実行犯は、李厚洛（イフラク）中央情報部長および彼の部下だった。朴正熙が直接このことを指示したかについては確実な証拠はない。朴正熙からの命令なしで、李厚洛が朴正熙への忠誠を証明するために独自に拉致事件を主導したという説もあるが、それは説得力がない。

金大中拉致事件は、９組で構成された46人の工作員が緻密に行った暗殺作戦である。これほどの規模で行われた作戦を、朴正熙が知らぬうちに実行することはできない。なによりもこれは、露見すると日本の主権を侵害したことになり、深刻な外交問題になるため、大統領の知らないうちに密かに行えるような作戦ではない。

ホテルで金大中に麻酔をかけた者たちは、彼を殺して、ホテルの部屋で死体をバラバラに切断した後、血を浴室の下水溝に全部流して、バラバラ死体をリュックサックに入れてホテルを出る計画だった。このような計画だったことは、拉致事件を実行した工作員たちがホテルに残した遺留品から証明されている。

大きなリュックサックなども準備していたが、いざそれを実行するとなると簡単ではなかった。工作員たちも人をバラバラにすることに慣れていなかったこともあるだろう。そこで工作員たちは彼を海に捨てるために大阪に連れていき、彼の足に重いおもりをつけて船に乗せた。

だがその船は日本の海上自衛隊に発見されて追撃されたため、金大中を海で殺すことができなくなった。事件が発覚することを恐れた要員たちは金大中を殺すことをあきらめて、ソウルの自宅前に放置したのだ。

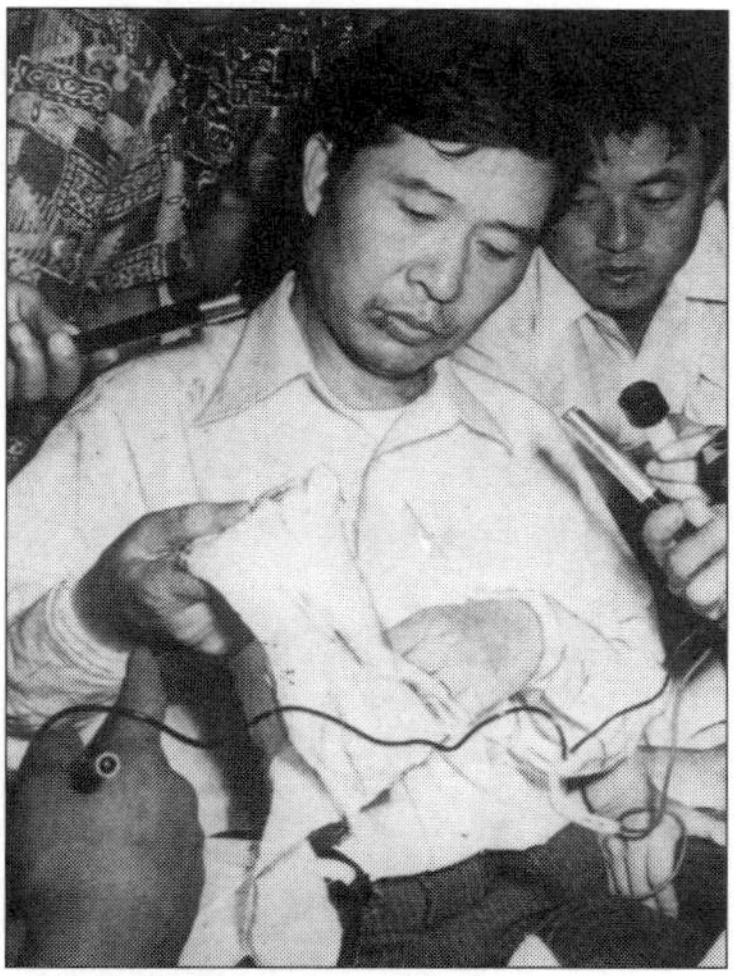

誘拐事件後に解放された金大中

本当に運よく生き残ったと言えるが、アメリカのCIAと自衛隊はこの拉致計画をあらかじめ知っていたという話もある。そうでなければ海上自衛隊が即刻対処することはできないという理由だ。

今もこの事件の全貌は明らかになっていない。梁一東が拉致事件とどのような関係にあったのかは今でも謎である。

しかしとにかく、金大中は生き残った。まさに映画の主人公のような劇的な人生である。

軍事政府によるメディアコントロール

もちろん、大統領の椅子に座るまでの道のりも簡単ではなかった。

当時マスコミを掌握していた軍事政府は、金大中が共産主義者だというイメージを作り出し、大衆の支持を得られないようにした。

例えば、大統領選挙のテレビ演説の際は、金大中が「労働者と農民のために！」と言った部分だけを編集して放送するなどしていた。「労働者と農民のために」というのは北朝鮮の共産主義者がよく使う表現である。演説全体の中からその部分だけを切り取って編集したものを見せられた人は、「金大中は北朝鮮と似た理念を持つ人」という印象を受けるだろう。

このような妨害行為のせいもあって、金大中は大統領選挙で3度敗北する。初めての挑戦では朴正熙に、１９８７年の選挙では盧泰愚に、そして１９９２年の選挙では金泳三に負けた。

3度目の敗北の時、彼は69歳だったため、大統領への夢をあきらめて政界引退を宣言した。一生をかけた挑戦が失敗し、70歳になるのだから、意欲を失っていたとしても不思議ではない。
だからといって何もせず、庭のすずめを眺めながら「もう春か」などとのんびりしていたわけではなく、彼はイギリス、アメリカ、中国などに行って各国の政治家と会ったり、政治に関する著述活動をしたりした。この頃に書いた『新しい始まりのために』は65万部売れてベストセラーになっている。

そのほかにも、金大中はみずからの手で状況を変えていったと言える。

幻の南北首脳会談

1990年台の初頭、南北間の軋轢は深刻な状況だった。1987年に大韓航空機爆破事件が起きたばかりだったからだ。

これは、偽造された日本の旅券を使って大韓航空の飛行機に侵入した北朝鮮の工作員が、ソウルオリンピックの開催を阻害するために航空機を爆破させた事件である。

このために、韓国の北朝鮮への感情は最悪だった。

この緊張を緩和する必要があると考えた金大中は、アメリカを説得して1994年6月、ジミー・カーター元大統領の北朝鮮への訪問を実現させた。そして7月には、北朝鮮の金日成（キムイルソン）との南北首脳会談を整えた。

最悪だった南北関係に希望が見えたことで、多くの人は驚いた。以前は韓国の大統領が金日成と会うことなど想像もできなかったからだ。金泳三も、前例のない南北首脳会談の実現を期待していたという。

だが、金日成が突然死亡してしまったことで、南北首脳会談はキャンセルされてしまう。金日成の死を聞いた金泳三は虚脱したというが、こればかりはやむをえなかった。

とはいえ、このことによって金大中の政治力の高さが知られることになり、彼の知名度は引退前よりも高くなった。

すると、以前は金大中を良くないイメージで描いていたマスコミが、彼の業績の良い面を報道し始めた。このことも、大衆の認識に影響を与えた。

4度目の大統領選挙

自分のイメージの変化を感じた金大中は、これが人生最後の機会であることを直感した。

彼は1995年、引退宣言をひるがえして政界に復帰する。そして「新政治国民会議」という新党を立ち上げ、1997年の大統領選挙のために多くの人を迎え入れた。

ただ問題は、韓国社会で左派が権力を握ることは簡単ではないという点だ。このことは、金大中の政治家人生が金泳三よりも過酷だった理由の一つでもある。

金大中はよく金泳三と比較される。年齢も近いし政治経歴も似ているから、新聞などでは金大中と金泳三を「両金」と呼ぶほどだが、政治に対する考え方を見るとまったく違う。

金泳三は保守派である一方、金大中は進歩派に分類される。

韓国は朝鮮戦争によって甚大な被害を受けているので、社会主義者の成功は非常に難しい。金大中もこのことを知っていたから、立党の際には保守派の人々を数多くリクルートした。にもかかわらず、多くの人は金大中のような左派政治家が大統領になることを不安に思い、彼は北朝鮮と関係があると思っていた。このようなイメージは金大中の当選を難しくさせていた。

また、李会昌（イフェチャン）という強力なライバルが登場したことも、金大中の当選を難しくさせた。

李会昌は裁判官出身の政治家で、人権侵害が深刻だった全斗煥政府時代にも権力からの圧迫に屈せず、弱者に配慮した判決を下したことから、清廉な人物として知られていた。

当時の与党「新韓国党」（3党の合併で誕生した民主自由党が名前を改名した党）から出馬しており、世論調査でも支持率が50％を超えることがあった。だからほとんどすべての人が李会昌の当選を予想していた。

ところが、そのような状況が急変する3つの事件が起きる。

一つは、金大中と金鍾泌（キムジョンピル）との連合だ。

金鍾泌は朴正熙政府で中心的な役割を果たした右派の大物だ。金鍾泌は民主化後、「新民主共和党」を立党し、金大中と金泳三の党に次ぐ規模の野党になっていた。

しかし自力だけでは李会昌には勝てない。そしてこの悩みは金大中にも共通するものだった。金鍾泌と金大中はもともとは政敵だったが、李会昌に勝つためには2人が力を合わせるしかなかった。そのため金鍾泌は、かねてから構想していた議院内閣制への改憲を条件に、金大中との連合を決意したのだ。

そうするうちに、次の変数が生じた。

軍の幹部だった金大業（キムデオプ）という人物が、「李会昌の2人の息子は不正な方法で兵役を免除された」とマスコミに暴露したのである。これが二つめの事件だ。

韓国は徴兵制を実施しているが、セレブ層の人々の息子は徴兵されないことがしばしばある。このような兵役関連の不正について、国民は非常に敏感だ。

のちの検証によれば、金大業の言葉は嘘だった。李会昌の息子は体重未達で合法的に兵役が免除されたというのが真実だった。しかし、その検証結果を信じる人はあまりおらず、李会昌の支持者は大きく減少した。

しかし、それでもまだ金大中に逆転を許すほどではなかった。

金大中の逆転を決定的にした３つめの事件は、与党の分裂である。

与党内での予備選挙で敗れた李仁済(イインジェ)が、予備選挙の結果を不服として離党し、新しい政党を作って大統領選に出馬したのだ。

当時若い保守派の候補として大人気を博していた李仁済は、一時的に李会昌より高い支持率を記録したが、彼が離党すると、保守の支持は２人の候補に分かれた。

これが李会昌にとって致命傷となった。

結果、１９９７年の大統領選挙では金大中が当選した。

得票率は金大中が40・３％、李会昌が38・７％、李仁済が19・２％だった。数字を見ると、李仁済の得票率がかなり高かったことが分かる。もし李仁済が出馬していなければ、李会昌が楽勝しただろう。

金大中の当選はこのような、運と予測不可能な要因の結果だったが、このことは韓国で左派の大統領当選がいかに難しいかを教えてくれる。

通貨危機を克服するための経済改革

金大中は当選後、金鍾泌に約束した内閣制への改憲をしなかった。なぜ約束を守らなかったかについての分析は無意味だ。金大中は政治戦略に長けた腹黒い政治家だった。当時73歳だった彼にとって、1997年の大統領選挙は彼の人生最後の挑戦だった。どのような手段を使っても大統領になりたいと思っていたはずである。

金大中の当選時、韓国は通貨危機の発生で非常に難しい時期だった。おそらく彼は韓国の歴史上最悪の時期に就任した大統領だろう。

そこで金大中はかなり強硬な改革を行った。

108の公的企業を民営化して、公共部門の人々を20%リストラした。民営化された企業の中には、POSCO（ポスコ）、KT、KT&G、韓国電力、韓国ガス公社など、今日の韓国の指折りの大企業も多数含まれている。

また、通貨危機の根本原因だった金融の改革も実施した。政府の監督を強化して、不誠実な金融機関を整理したのだ。金大中は「競争力が低い金融機関の安逸な態度には未来がない」と言っている。不誠実な銀行の多数が他の銀行に合併されたのがこの時期である。

3人の息子が逮捕された

6章　金大中

金大中の就任当時は通貨危機によって国が死に体になっていたから、政府は経済を活性化する方法を他にもいろいろ工夫した。

その中の一つが、クレジットカードの発給を通じた内需活性化だった。

クレジットカードには脱税を防いで税金の徴収を容易にするという長所がある。そのため、政府は規制を大きく緩和してクレジットカードの使用を強く奨励した。その結果、クレジットカードの枚数は1990年には1000万枚にすぎなかったのが、2002年には1億枚以上になった。今日の韓国で大部分の人々がクレジットカードを使うのはこの時の影響である。

筆者の財布には、1年前に入れた5万ウォン（5000円）札がそのままある。飲み物を買う時などにもクレジットカードを使うから、現金を使う機会がないのである。

もう一つ、この時期に注目すべきことは、インターネットが大きく発達したことである。

韓国のインターネットの普及は世界的に見ても非常に速かった。特に2000年前後にインターネットポータル、オンラインゲーム、インターネット決済、アンチウイルスソフトなどに関わった企業が爆発的に成長した。そして関連企業を起業した人々が有名人になり、ハイテク産業の起業家になるのが若者の夢になった。

その中で一番の知名度を得た人物が安哲秀（アンチョルス）だ。

彼がアンチウイルスソフトを作ったのは、インターネットが普及するはるか前だった（昔はフロッピーディスクでコンピュータウイルスが感染した）。1995年に設立した「安哲秀研究所（アンラボ）」は2001年に上場され、安哲秀は巨万の富を得る。

彼は若くて良心的な起業家として、若い人々に人気を博した。韓国の大企業は政治家とひそかに通じて国内市場を独占したり不正な借り入れで経営をしてきたというイメージが強いが、安哲秀は親の財産を相続して金持ちになったのではなく、みずからの手で財をなしている。「金持ちは腐敗している」というイメージを払拭して、大衆的な人気を博した最初の企業家だったのである。

この人気をもとに、のちに安哲秀は大統領選挙に出馬することになる。

また、当初は一般家庭には高速のインターネットは提供されていなかった。そのため、高速回線を使えるインターネットカフェ（韓国では「ゲームバン（ゲーム部屋という意味）」と呼ぶ）が恐ろしい勢いで全国に拡散した。

通貨危機で失職した人々の中には自営業に転じる人も多かったが、インターネットカフェでリッチになった人々もいた。災いが転じて福となったわけである。

後のことを考えれば、インターネット関連産業の爆発的な成長は通貨危機の後遺症を大きく相殺して、社会と経済に活力を吹き込んだと言えるだろう。

文化産業の進展と世論の変化

また、金大中政府は文化産業も奨励した。政府が奨励したからといって文化が必ず発達するというわけではないが、この時は、民主化の結果として自由な雰囲気になったことが文化の発達に大きく役立った。

例えば、軍政時代にはどのようなミュージシャンもアルバムを出す時に「健全歌謡」という歌を義務的に1曲入れなければならなかった。

健全歌謡というのは、例えば「祖国のために熱心に働きましょう」とか「大韓民国はいかに美しいか」など、愛国心を鼓舞する歌詞で作られた歌のことをいう。社会に反抗する過激なスタイルを追求する長髪のロッカーでも、例外なくアルバムには健全歌謡を入れなければならなかった。

映画やマンガの内容にも政府は些細なけちをつけて検閲するのが常だった。

例えば1970～80年代初のマンガには、パパとママが家で2人きりで会話をしている場面を描くことも禁止されていた。子供が見るマンガに、同じ部屋に男女がいるのを描くのは淫らであるという理由であった。耳を疑うほどとんでもないが、これは当時活動していた漫画家がインタビューで証言したことである。

民主化後は、このようなとんでもない規制はなくなった。

金泳三政府時代から本格的に始まった民主化が、金大中政府時代にインターネットの普及と大きなシナジーを起こした。音楽のジャンルも多様になって、100万枚以上売れたアルバムも続出した。金大中政府時代は、韓国の大衆文化の水準が急激に高くなった時期だと言える。このようなコンテンツの質の上昇は関連産業の発達に繋がり、次の盧武鉉(ノムヒョン)政府時代には日本へ韓流コンテンツを輸出するほどに成長する。

一方、金大中政府は日本文化を電撃的に開放した。

日本文化の開放を決定した時の金大中の言葉は有名だ。

「良い日本文化は、受け入れましょう」

これは通貨危機以後に日本から借りた短期借款を延長させるための措置だったともいうが、通貨危機がなくても開放は避けることができなかっただろう。日本文化はもう実質的には開放されたのと同じだったからである。

日本文化開放に反対する人々は、「日本文化を開放すれば、日本文化が韓国のすべての文化を占領して、自国の文化は絶滅してしまう」と言っていた。

しかしいざ日本文化が開放されると、日本のコンテンツは文化全般を支配するどころか、特に人気はなかった。岩井俊二の『ラブレター』が人気を集めた程度で、不思議にも韓国内では、日本文化は開放以後、急速に人気が消えたのだ。

なぜそのようになったのだろうか？

それは、日本文化が禁止されていた時期はバブル経済のおかげで日本のコンテンツが黄金期だった反面、開放後は全盛期が去った後だったからと分析することができる。

例を挙げれば、日本のアニメーションの頂点は『ＡＫＩＲＡ』、『となりのトトロ』、『機動戦士ガンダム 逆襲のシャア』が封切られた１９８８年だった。

しかしバブル崩壊後は、それほど良い作品はなかった。失敗の危険を最小化するために、少数のオタクに売るための美少女アニメなどが数多く作られただけだ。

ポピュラー音楽も１９９０年代にはＸ－Ｊａｐａｎや小室哲哉などのアーティストが韓国で人気だったが、２０００年代になると小室哲哉は人気が急落して、Ｘ－Ｊａｐａｎは解散してしまった。それ以後はあれほどの才能とカリスマ性を持ったミュージシャンは登場していない。

そのため結果的には、韓国文化が大きく発展して、映画、芸能、音楽、ゲームなど多様な文化産業の市場が巨大になっていったのだった。

このような変化の中にあって、若い有権者たちの政治観にも変化が訪れるのは当然のことだろう。

すべてを禁止し、国民を統制しようとする右派の政治家たちを若い人が支持することは難しい。

また、自由を獲得したクリエイターたちが、保守派を支持するか進歩派を支持するかを考えてみても、答えは明らかだ。彼らが作り出した映画や音楽やテレビ番組は進歩派に好意的で、それらの作品は若い人々の政治観に多大な影響を与えた。

こうして、韓国の「左派は自力では選挙で必ず負ける」という公式は少しずつ変化していく。そして、次の大統領選挙で左派の盧武鉉が当選する要因となっていくのだ。

経済分野での成功

経済の話に戻ると、金大中政府は通貨危機を克服することに成功したと言える。

経済成長率は通貨危機によって1998年には6・9%だったのが、1999年には9・5%、2000年には8・5%まで急激に上昇した。

そして韓国の貿易収支は盧泰愚政府時代から8年間連続して赤字だったが、1998年からは黒字に転換した。金大中政府時代に輸出が急増したことが原因だった。

数値だけを見ると「金大中政府はすごく有能だったんだね！」と感嘆するかもしれない。

しかし、輸出が急増したのが政府のおかげと見ることはできない。

通貨危機の発生後、ウォンは1ドル950ウォンから1500ウォンに急騰し、その結果、大企業の価格競争力は高くなった。同じ製品の価格が半分になるのだから、輸出が急増するのは当然の結果だ。

この時、外国人投資家は輸出の比重が高いサムスン電子のような企業に大規模投資した。おかげで株価は急騰し、不動産市場は回復して、韓国経済は通貨危機から急速に脱出できた。そして、韓国の大企業の株価が最低だった時に大量に買収していた外国の資本は莫大な利益をあげた。

外国資本による投資が可能だったのは、ＩＭＦが韓国を支援する条件の中に「金融市場の開放」があったからである。

これはアメリカの金融資本に一方的に有利な条件である。

通貨危機で株価が最低水準にまで暴落した韓国の株式市場には、サムスン電子のようにかなりの優良会社があったから、金融資本にとっては絶好のチャンスだった。

１９９７年当時、通貨危機の直前、韓国を日本が助けなかった理由は、アメリカがそれをできなくしたからだという説がある。すなわちＩＭＦとアメリカ政府とウォール街の金融資本が自分の利益を最大化するために通貨危機を放置したということである。陰謀論ととることもできるが、「金泳三の反日傾向を日本が気持ち悪がって支援しなかった」という説よりは説得力がある。

だから、韓国の経済が通貨危機という酷い目にあってから急速に回復するまでの一連の過程は、韓国政府の努力によるものではなく、ほとんどが国際資本の意図により進行したという批判もあるのだ。

北朝鮮への太陽政策の失敗

ここまで経済政策について書いてきたが、金大中政府について話す時、人々が一番先に連想するのは対北政策だろう。北朝鮮の存在は、韓国の外交と国防を論ずる時にもっとも重要な要素である。金大中は既存の政府と違い、融和策をとった。これを「太陽政策（もっと正確に翻訳すると、日光政策である）」と称する。

金剛山(クムガンサン)観光および開城(ケソン)公団が代表的な例である。

北朝鮮にある金剛山は昔から美しいことで有名だが、1998年からは韓国人が観光できるようになった（2008年まで続いた）。そして2000年には北朝鮮の開城に公団を作って韓国の企業を入居させた。韓国企業は北朝鮮の安い労働力を利用でき、北朝鮮は雇用を確保できる。両方に利益が出るようにしたのだ。

北朝鮮とともに取りかかったこれらの事業は、韓国企業が先行投資をする方式で始まったから、北朝鮮にとっては大きな利益となった。韓国の立場からは、軍事的な緊張を緩和する効果もあり、

3人の息子が逮捕された
6章　金大中

最終的には統一を実現できるという期待もあった。

その結果、初めて北朝鮮と韓国の代表が会って首脳会談をするという成果を得て、金大中はノーベル平和賞を受賞することになる。

もっとも、そのノーベル平和賞がどれほど空しいものだったのか、今やすべての人が知っている。

今、北朝鮮は核兵器開発に成功して、それを撃つことのできるミサイルの開発に熱心である。左派の中にも金大中の対北政策を評価する人はあまりいない。

「金大中政府では北朝鮮に多くの資金を支援したが、北朝鮮はその資金で核兵器を開発した結果、今このような状況になったのではないか?」

「金大中が受けたノーベル平和賞は、北朝鮮に金を渡したことで買ったのではないか?」

太陽政策に対しては概してこのような反応である。対北政策の失敗にがっかりして、左派から右派に政治観が変わった人も少なくない。

北朝鮮をあまりにも信頼してしまったのは金大中政府の

北朝鮮に行き金正日と握手する金大中

誤りである。北朝鮮は平和的なジェスチャーを見せながらも密かに核兵器を開発して、後に南北関係が悪くなるとすぐに現代(ヒョンデ)グループが得ていた事業権を没収したからである。

もし北朝鮮が信頼できる相手だったら、金大中の太陽政策は今ごろ偉大な業績になっていただろうが、対北政策は失敗した。

韓国には「従北主義者」という単語があるが、これは北朝鮮に融和策をとる政治家を軽蔑して使う言葉である。これは金大中に一生付きまとったイメージでもある。以前から「金大中は従北主義者だ」というイメージがあったから、太陽政策は彼のイメージをさらに悪くした。

ただ、このような評価は後のことで、任期中には金大中の対北政策には効果があるように見られたため、国民の支持は高かった。

金大中の任期の最後の年である2002年は、日本と韓国でサッカーワールドカップが開催された年でもある。この時の人々のサッカーに対する関心はすごかった。回想すると、この時期が韓国で民族主義がもっとも強かったようだ。

金大中の太陽政策による、「北朝鮮と統一できるかもしれない」という期待感と、ワールドカップを通じた国としての共同体意識のようなものが社会全体を覆っていた。

ちなみに当時は、そんな社会的雰囲気を利用したあやしい宗教も勢力を広げていた。

民族主義を利用する宗教は、「韓国人は神に選ばれた民族である」とか「昔は中国を含めて全世界が韓国の領土だった」という教理で信徒を洗脳する。

今もインターネット上で、世界のあちこちが過去韓国の領土だったという地図が発見されることがあるが、そのような資料は、当時の宗教家が作って流布したものである。当然のことだが、一般人でそのようなものを信じる人は珍しいし、今では宗教団体はほとんど没落している。

北朝鮮との戦闘

2002年には、サッカーワールドカップだけでなく、金大中にとって衝撃的な事件、「延坪(ヨンピョン)海戦」が起こった。

これは6月29日、NLL付近に位置する延坪島近海で、北朝鮮軍の船が韓国領海に侵入して戦闘が起こった事件だ。NLL（Northern Limit Line）は1953年に国連軍が作った境界線で、海上の休戦線と思えば良い。

休戦線を越えて領海侵犯のうえ戦闘を行ったのだから安全保障上の大事件である。この時、韓国側は6人が戦死し、18人が負傷した。北朝鮮側は3人が戦死したという推測があるが、被害は定かではない。

明らかなのは、この時韓国海軍が反撃もできないまま一方的に被害を受けたということで、その原因が、韓国に不利な「交戦規則」にあるということだった。

交戦規則というのは、北朝鮮軍と戦闘が起こった場合に守らなければならない規則で、当時の海軍の交戦規則は、要約すると「海上で北朝鮮側がＮＬＬを越えて来た時、先に北朝鮮軍が攻撃しなければこちらから先に攻撃してはいけない」というものだった。

規則上、韓国海軍は先に警告放送をしなければならないし、船を相手の船にぶつけて押し出す方式で「遮断機動」をした後、そのようにしても相手が応じない場合にだけ射撃することができた。

問題は、延坪海戦では北朝鮮軍が初めから計画的に韓国軍に一斉射撃を始めたことである。

なぜそうなったのだろうか？

延坪島近海では、３年前の１９９９年６月15日にも、北朝鮮海軍と韓国海軍の間に戦闘が起こったことがある。６月はガザミ（ワタリガニ）の季節だから、多くの北朝鮮漁船がＮＬＬの周辺で漁をするのだが、この時、北朝鮮海軍が監視のために現れたりもする。

北朝鮮は昔から、ＮＬＬは国連軍が一方的に作ったもので、自分たちが作った境界線が正しいと主張している。ただ、特別に問題を起こしたくないからＮＬＬを越えることはなかった。

しかし１９９９年６月には、北朝鮮海軍の船がＮＬＬを越えて南側に来て、数時間留まってから帰るという挑発を行った。自分たちがＮＬＬを尊重していないということを示すためだった。

これが毎日続いたため、結局韓国海軍は高速艇と哨戒艦10余隻で北朝鮮の船に衝突攻撃をした。すると北朝鮮軍も機関砲で反撃した。これに韓国海軍も反撃し、北朝鮮軍は大きな被害を受けて退却した。

これを「第１延坪海戦」という。これは北朝鮮海軍による挑発によって起こった、偶発的な戦闘で、北朝鮮軍は韓国海軍に惨敗している。

衝撃的な事件だったものの、特に話題になることはなかった。韓国側が勝利した戦闘だったし、全体的に北朝鮮との雰囲気が悪くなかったからである。

しかし、２００２年の「第２延坪海戦」の時には事情が大きく違った。

今度の戦闘は、偶発的な戦いではなく北朝鮮が計画的に起こした挑発だったために問題は深刻だった。第２延坪海戦は、北朝鮮による第１延坪海戦の復讐と言える。

この時、韓国軍は戦闘に敗れ、死者や負傷者を多数出した。

NLLと北朝鮮が主張するライン。延坪島はその中間に位置する

そのうえ、金大中は誠意のない態度を見せた。自国の軍人が死亡・負傷したというのに彼らを訪問せず、日本に行ってワールドカップを観覧していたのだ。

彼のこの態度は後に強く批判される。大統領として海外で予定されていたスケジュールがあったとしても、これは敵との戦闘で軍人が死亡したという特殊な状況である。このような状況では一番先に軍を訪問するのが当然である。

「金大中は軍人たちが戦死したのに日本にサッカーを見に行った」

「金大中は北朝鮮から攻撃を受けても戦うことができないようにして、軍人たちを死なせた」

彼はこのように多くの非難を受けた。

ただし前者は正しい言葉だが、後者は事実ではない。交戦規則は過去の朴正熙政府時代からほとんど変わっていなかったからだ。交戦規則に問題があって改訂が必要だったのは事実だが、第1延坪海戦で勝利したから問題が改定されず放置されていたのである(第2延坪海戦以後、改定された)。

金大中の太陽政策が失敗の道をたどった原因には、外部要因もあった。

2000年11月にジョージ・W・ブッシュがアメリカ大統領に当選してから、アメリカは過去のクリントン政府と違い、北朝鮮を強く圧迫し始めた。このことによって、北朝鮮の雰囲気も強硬な対米抗戦に転換し始めた。

金大中は太陽政策を維持するために2001年から2002年にわたってアメリカを根気強く説得し、その結果ブッシュは仕方なく2002年、「アメリカは北朝鮮を攻撃する意思がない」と宣言した。しかし現在の状況を見ると、当時アメリカの判断の通り北朝鮮に対して強硬策をとっていれば、核兵器開発をあらかじめ放棄させることもできたかもしれない。

とにかく、金大中に対する評価は対北政策のせいで悪くなるという傾向がある。

特に右派は、北朝鮮に対する融和政策が核兵器となって返ってきたという点で、金大中をきわめて嫌悪する。だから極右はこのように言ったりする。

「金大中は北朝鮮のスパイだった」

これは、本当にこう信じているというよりは、北朝鮮に対する融和政策の完全な失敗を軽蔑する表現に近い。しかし正直なところ、延坪海戦に対する金大中の対処はどのような非難を受けても言い訳の余地がないだろう。

3人の息子の不正と逮捕

さらに、2002年は、金大中の3人の息子が全員不正で拘束された年でもある。

長男の金弘一(ホンイル)は約1億5000万ウォンを受け取った疑いで拘束された。

次男の金弘業（ホンオップ）は、賄賂をもらって高位の公職者の人事に介入したために拘束された。彼の不正を手伝ったのは大統領府の秘書官たちだったが、大統領の息子だからといって彼の不正を手伝ったのだから、韓国の首脳部がどれほど権威に弱く、道徳観念がないかが分かる。

そして3男の金弘傑（ホンゴル）は、企業からの依頼を受けて約36億7000万ウォンの賄賂を受け取ったことで拘束された。

この3人の名前に皆「弘」という字が入っているので、彼らを「弘三」と呼んだりする。韓国語の発音は「ホンサン」で、これは人参で作った健康食品「紅参」と発音が同じで、滑稽な語感になる。

このほかにも、金大中政府では権力を利用したあらゆる不正が発生した。チョン・ヒョンジュンゲート、イ・ヨンホゲート、チン・スンヒョンゲート、チェ・ギュソンゲートなどが有名である。「～ゲート」は、不正を犯した企業家や人名を取ったスキャンダル名である。このような「ゲート」が多かったため、金大中政府は「ゲート共和国」という不名誉なあだ名まで付けられた。そしてこれらの不正のせいで、任期末にはレームダック状態に陥ってしまう。

不正の根幹は検察制度にある

このような権力型不正の構造はよく似ている。

政治家と親しい企業家が会社や金融機関のお金を横領するとか、詐欺を犯しつつも政治家との関係を利用して処罰を避けるとかいったものである。

そしてこのような事件の共通点は、処罰を避けるために、政治家にはもちろん国家情報院、金融監督院、そして検察に賄賂を渡すという点である。

特に検察の懐柔は、権力型の不正で中心的な役割をする。

犯罪者を処罰するまでには、3種類の役者が必要になる。犯罪者を弁護する弁護士、犯罪者を攻撃する検事、そして検事と弁護士の主張を聞いて判決を下す裁判官である。

このうち検事は、警察が集めた捜査記録を吟味して、どの程度の処罰が必要かを判断する仕事を担当する。その検事が属する組織が「検察」だ。権限の範囲は国ごとに違うが、共通しているのは、検察は犯罪者の罪を明るみにするための組織で、警察の上位にあるので、かなり恐ろしい存在だという点である。

もし、この検察にあまりにも多くの権限が与えられていたら大きな問題になるだろう。企業家は検察に賄賂を渡して罰を避け、政治家は検察を利用して自分にとって邪魔な人物を排除してしまう。

これが、ずばり韓国の状況である。

韓国では、検察は非常に強い権限を持っている。アメリカやイギリスでは起訴は検察が担当し、捜査は警察が担当する。日本では一次捜査は警察がして、二次的な捜査だけを検察がする。

しかし韓国の検察は、起訴と捜査に対するすべての権限を持っていて、事件の始めから終わりまでをすべて担当する。そして事件の捜査を途中で中断することができる権限をも持つ。

そして、検察総長の任命権は大統領が持っている。

これは、検察が政治権力から独立していないということである。

大統領と親しい人物が検察総長になった場合、大統領の側近や大統領の息子が犯した不正をちゃんと捜査することができるだろうか?

前述したように、韓国検察は犯罪の捜査を途中で中断する権利も持つ。のちに朴槿恵(パククネ)の親戚の殺人事件の捜査が行われなかったのは、検察のこの権限のせいだった。

大統領が任命する検事を信用できない場合、国会が任命する特別検事という制度があるのだが、この制度にも限界がある。先に捜査を進めていた検事が証拠を破棄してしまうなど、後の捜査を不可能にする方法はいくらでもあるのだ。

このような理由で、先進国は検察に対する権限の多くの部分を制限したり、検察が持つ権限を分散させる方式を採用している。フランスでは犯罪被害者も刑事裁判を要求できるようになっている。検事が持つ起訴権と似た権利を、犯罪被害者も持っているのだ。ドイツでは罪が発見されれば無条件で起訴しなければならない。

このような制度の下では、権力者も罪を犯すことができない。韓国で権力を利用した犯罪がなくならない理由は、このような制度がないからである。

韓国の刑法制度は簡単に要約すれば次のようになる。

1・検察と親しければ罰を受けない

2・権力者は検察を直接任命できる

これが意味するのは何だろう？

「韓国の権力者は検察を利用して、何をしても良い」だ。

したがって企業家が不正を犯そうとするなら、検察を買収することが何よりも重要である。権力者と検察を同時に買収すればさらに安全である。

検察がこのような権力を利用して不正を犯す場合もある。朴槿恵政府時代まで、腐敗した検事が企業家に賄賂を要求する事件が絶えず発生した。

その中には日本の東証一部にも上場したゲーム会社「Ｎｅｘｏｎ（ネクソン）」の金正宙（キムジョンジュ）もいた。彼は学生時代から優等生で、政経癒着に関わる不正を犯すタイプの人ではなかった。にもかかわらず韓国では、企業家が検事の恨みを買えば企業の運営が不可能になるから、検察の要求を無視することができなかったのだと思われる。

罪もないのにいきなり税務調査が始められたり、けちをつけられて起訴されてしまえば、後で無実であることが判明したとしても、その前に事業はつぶれてしまうだろう。

絶対権力が支配する社会では、その権力を利用する者が成功するのだ。

韓国の検察制度の深刻さは誰もが分かっていることだが、「民主政府」と呼ばれる金大中政府もそれを解決しなかった。自分が権力を握ったときに、その権力を制限する規定を作りたくなかったのかもしれない。

歴代大統領の中には、次の盧武鉉のように改革する意志のある人物もいたが、検察制度が巨大な既得権を手放すまでには至らなかった。

7章

自殺をとげた

盧武鉉（ノムヒョン）

（1946-2009）

大韓民国第16代大統領
（在任期間：2003～2008）
就任中の支持率の暴落等により辞任した後、
検察による妻の収賄容疑の捜査中に
自殺を遂げる

身一つからの立身出世

盧武鉉は韓国の歴代大統領の中でもかなり特殊な人だと言うことができる。おそらく読者は、彼を自殺という最期をとげた大統領として知っているだろうが、それ以外にも、経歴や性格などのすべての面で、他の大統領とは異なる存在である。

これは筆者の個人的な考えだが、彼は知能指数だけを見ると、歴代大統領の中で最高だと思う。彼は１９４６年、貧しい農家の息子として生まれた。幼い頃からとても貧しく、お金持ちに敵対心を持っていたという。

頭は良かったがお金がなかったため大学に進学できず、会社員となったが、収入があまりにも少なくて生活できなかった。そのため司法試験の勉強を始めたのだが、必要な本も買えなかったため、アルバイトをしてお金を稼がなければならなかった。

それでも勉強を続けた彼は、１９７５年、29歳の時に司法試験に合格する（試験勉強中に3年間の徴兵期間あり）。

受験勉強中に、彼は書見台を開発して実用新案を登録している。また政治家を目指すようになってからは、政党活動に必要な組織管理・会計・日程の管理のためのソフトウェアを3年間の研究の後に自作している。大統領にまでなった政治家の中でソフトウェア開発ができる人は世界的にも珍しいだろう。いろいろな面で創造的な人物だった。

司法試験合格後は開業し、税務専門の弁護士として活動した。有能な弁護士という評判で、かなり稼いだという。

人権派弁護士への転身

転機は、同僚弁護士の紹介で偶然1981年に「釜林事件(プリム)」の被害者の弁護を担当した時に訪れた。釜林事件とは、釜山(プサン)でマルクス主義などの本の読書会をしていた若いサラリーマン・教師・学生など22人が、令状もなく逮捕されて、不法監禁のうえ拷問された事件である。

当時釜山では、朴正熙政府の「釜馬(プマ)民主抗争」(47ページ参照)の後も民主化抗争が続いていた。1980年に大統領に就任した全斗煥は、このことを深刻にとらえていた。彼は不正選挙で大統領になった人物なので、民主化勢力の拡散は政権の最大のリスクになる。

そこで全斗煥政府は、民主化勢力を根絶するために民主化抗争に参加した人々を探し出して拷問し、同僚が誰なのかを自白させ、その人を探し出してまた拷問するという、無慈悲な弾圧を繰り返していた。

釜山の読書会のメンバーも、政府を転覆しようとする集団として警察に認知されていた。

このように人々を逮捕して拷問する時の名目は「国家保安法」違反だった。

国家保安法は、国家の安全保障に害となる勢力の活動を規制するための法である。つまり政府の転覆を目論む共産主義者を処罰するための法律なのだが、それを全斗煥政府は、民主化勢力を弾圧するために活用したのだ。

その代表的な例が「釜林事件」である。

被害者たちは全員平凡な人だった。

想像してみてほしい。たびたび読書会に参加する、平凡な大学生のあなたがある日、いきなり乱入した警察に連行されて無差別に殴打される。そして自分を弁護する機会もないまま暗い「対共分室」に2ヵ月間監禁され、毎日厳しく拷問される。拷問のせいで廃人になったあなたを待っているのは、「国家転覆を企んだ罪」で求刑された懲役10年の重刑なのだ。

これは被害者の立場から書いたものだが、民主化勢力への弾圧はすべてこのように行われていた。

対共分室とは、もとは名称通り北朝鮮のスパイを尋問するための場所だったが、それが変質して、軍部に抵抗して民主化運動を行う大学生などを拷問する場所になっていた。この施設は普通、鉄道線路の隣にあった。拷問される人々の悲鳴がよく聞こえないようにするためだ。

盧武鉉は、最初はお金を稼ぐことが好きで、民主化運動などには関心がなかった。釜林事件の被

7章　自殺をとげた盧武鉉

害者の弁護を担当することになった時も、事件がどんなものなのか、よく分かっていなかった。

だが、弁護をする若者の体に拷問の痕跡を発見した彼は衝撃を受けて、事件に没頭し始めた。釜林事件の被害者たちの証言によると、盧武鉉はまるで家族のように献身的に弁護をしてくれたという。なお、このことは、のちに『弁護人』という映画になり、大人気になった。（そして制作に関与した人々や映画に出演した俳優は、朴槿恵（パククネ）政府の「ブラックリスト」に載せられて弾圧されることになる）。

裁判に勝つことはできなかったが、釜林事件をきっかけにして、盧武鉉の人生は完全に変わる。彼は人権派弁護士になり、貧しい人々のために無料で法律相談をしたり、無料で弁護をするようになった。

そして盧武鉉は、後輩弁護士だった文在寅（ムンジェイン）を人権派弁護士の道へ導いた人でもある。２人は共同で「盧武鉉・文在寅共同法律事務所」（後に拡張して法務法人「釜山」になる）を設立して、弱者たちの弁護を本格的に開始した。

このような活動を邪魔に思った新軍部は検察を使って盧武鉉を拘束したり、弁護士免許を停止するなどしたが、左派政治家として活動していた金泳三は彼の人権派弁護士としての活動に注目し、政界入りを勧めた。その結果、１９８８年の国会議員選挙で勝利して、本格的に政治家の道を歩き始めたのだ。

国会生放送で知名度を上げる

彼が国家議員になった1988年に、彼の名を全国に知らしめる事件が起こる。「五共聴聞会」だ。これは全斗煥政府の不正を調査するために開催されたもので、第五共和国、つまり全斗煥政府時代の実力者はもちろん、大企業の会長などが呼び出されて国会議員たちの質問に答えるというもので、軍政時代の没落と民主化の始まりを象徴する事件として皆が関心を持っていた。

権力者たちにとってはかなり屈辱的なイベントだったが、それをさらに屈辱的にしたのが盧武鉉だった。弁護士出身らしく論理的な話術で腐敗した政治家や財閥を困らせる盧武鉉の活躍は生放送で全国に放送され、多くの国民が彼に憧れた。

彼は論理的だっただけではなく、相手が嘘をついて証言に矛盾が生じるとそれを鋭く指摘して怒鳴るなど、人間的な姿も見せた。聴聞会の主人公は盧武鉉だったのだ。

こうして彼は全国民に自分の存在を、正義感が強く若い国会議員として刻み込むことに成功する。

勝てない選挙に挑み続ける

聴聞会の後、盧武鉉は国会議員選挙に出馬しては落選し続けた。

７章　自殺をとげた盧武鉉

「五共聴聞会」のような大事件は起こらず、彼がニュースで報道されることといえば、労働者と一緒にデモをしたとか、国会議員選挙で落選したなどの些細なことだった。

普通の人にとっては、彼の落選は意味のない情報だったが、彼の支持者には意味があった。なぜなら彼は、わざと不利な地域から出馬して落選を繰り返していたからである。

この頃、盧武鉉は金泳三と決別して金大中の「新千年民主党」（以下「民主党」と書く）から選挙に出馬していたが、彼が周りの反対にもかかわらず出馬した地域は釜山だった。

釜山は圧倒的に保守が強く、民主党が弱い地域である。民主党の候補が望んで出馬する地域ではない。しかし彼は「地域の構図」を破るために、落選を知りながらあえて出馬したのである。

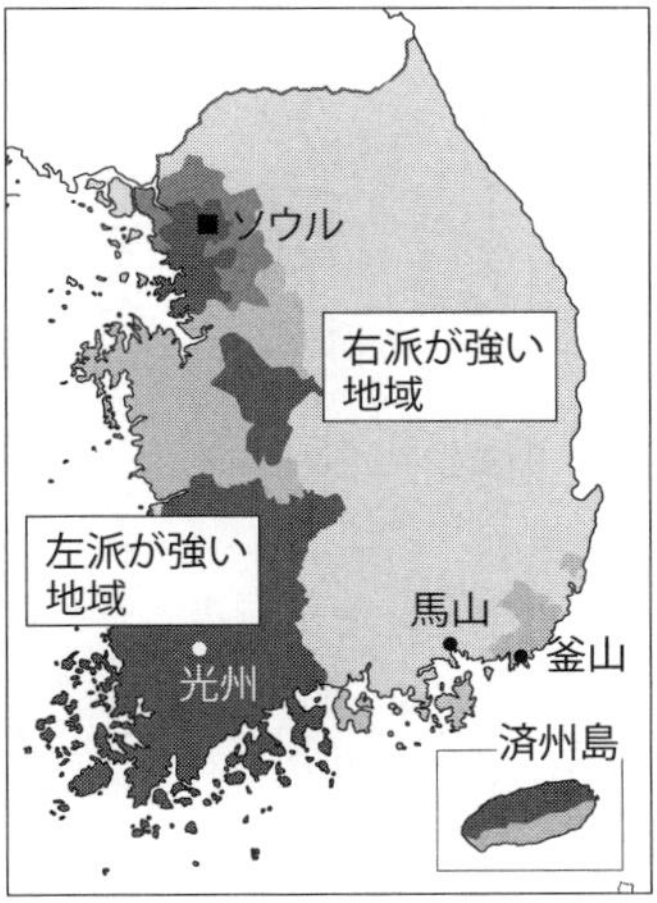

地図上の右の地域の人は右派に、左の地域の人は左派に投票する

上の図は、２０１２年の大統領選挙の結果だ。右側の地域は右派の得票が、左の地域は左派の得票が多かったが、これが韓国の「地域構図」で、いつもこのような結果になる。

これは韓国の政治の発展を妨げる深刻な問題

でもある。だから彼が落選したのは当然なのだが、その試みは支持者を感動させた。支持者たちからは「バカ盧武鉉」という愛称で呼ばれた。

大統領予備選挙での逆転勝利

２００１年12月、盧武鉉は大統領選挙への出馬を宣言して、民主党内の予備選挙に参加した。当初の彼の支持率は２％にすぎなかった。この時、もっとも当選の可能性が高かったのは李仁濟（イ インジェ）だった。彼は１９９７年の大統領選挙で金大中に負けたが、その後与党に迎え入れられ、強力な大統領候補となっていた。

皆は民主党予備選挙で李仁濟が勝利して、大統領選挙で保守党の李会昌と対決するというシナリオを予想していた。だがいざ予備選挙が始まると、盧武鉉が予想以上の人気を博し、劇的な勝利を遂げたのだ。

この結果にはいくつかの要因があった。

まず、盧武鉉の人生が民主党支持者にうけたという点がある。

きわめて貧しい家庭に生まれながら自分の努力だけで弁護士になり、贅沢に生きることもできた

7章　自殺をとげた盧武鉉

のに、弱者のために戦ってきたという人生が多くの人を感動させるのは当然だ。特に民主党の支持者たちは左派的な政治観を持っているから、このような人生が好まれる。

李仁濟にはそんなストーリーはなかった。

実は李仁濟が有名になったきっかけは、彼の見た目が朴正熙と似ていたからだ。もちろんそれだけではなく、韓国で初めて雇用保険制度を導入するなどの実績を持った有能な政治家なのだが、盧武鉉のように大衆に強くアピールするようなストーリーは不足していた。

また、李仁濟は大統領になるために民主党に来たというところが弱点だった。彼の政治観は典型的な右派だから、民主党支持者の政治観とは合わない。盧武鉉はそれを浮き彫りにして李仁濟を攻撃した。

そして、盧武鉉の大統領選挙への出馬は多くの人の関心を引いた。

一般の人はこういう反応だった。

「盧武鉉って、昔聴問会で活躍した人？　彼が大統領になるの？　面白い！」

誰も盧武鉉が李仁濟に勝つとは思っていなかったが、「五共聴聞会」でヒーローとなった彼が大統領に挑戦するということ自体が話題だった。

マスコミも注目して、報道を繰り返す。

「聴問会のスター、盧武鉉が大統領に挑戦！」

「彼は1位の李仁濟を逆転することができるでしょうか？」

こうなると、雰囲気は盧武鉉に有利になった。

結局、盧武鉉は奇跡的な逆転で李仁濟に勝利して、民主党の候補として大統領選挙に臨むことになったのだ。

自力で勝った初めての左派大統領

予備選での盧武鉉の勝利は、民主党の首脳部を悩ませた。

大統領選挙の相手は、ほとんど当確状態の李会昌（イフェチャン）だ。彼はとても有力な保守候補で、1997年の選挙でもさんざん左派候補の金大中を苦しめた。

しかし李仁濟なら少しは勝算があった。彼には公職で成功した経歴もあるし、保守の政治観を持つ多くの有権者にもアピールすることができる。だが、左派のイメージが強い盧武鉉が大統領候補になったとなれば……勝算はない。ああもうおしまいだ。

おそらく、これが民主党首脳部の本音だったと思われる。

事実、大衆は盧武鉉の挑戦に興味を持ってはいたが、彼が李会昌に勝つとはまったく考えていなかった。彼の聴問会での活躍を覚えている人々や左派の若者たちさえ、「私は盧武鉉が好きだけど、大統領は李会昌になるだろう」と思っていた。

だが、現実はそうはならなかった。

理由はいくつかある。

一つは、民主党による李会昌のイメージ悪化戦略が大衆に効き始めたことだ。

李会昌の政敵は、彼の立派な家や、彼の息子たちが徴兵されなかったことなどをしつこく攻撃した。民主党の国会議員は、彼が賄賂を受け取ったと主張した。

実はその議員の主張は嘘だったのだが、多くの人はそれを真実だと思った。息子たちの兵役免除も後の検証で合法だと判明したが、「金で解決したのではないか」と疑う人が多かった。この結果、彼の〝独裁者に屈服せず弱者を助ける〟というイメージは破壊され、〝腐敗した既得権政治家〟というイメージが植えつけられた。

李会昌が党のすべての権力を握っていることも攻撃の対象になった。

彼は保守派の「ハンナラ党」（金泳三の「新韓国党」が改名した政党）の代表で、本来であれば代表を辞任してから出馬するのが筋だが、彼は代表を辞任しないまま党内の予備選挙に出馬した。このことはハンナラ党の中でも強く批判されていた。

李会昌の態度も問題だった。当時の韓国人の中には、彼が大統領になることを疑う人は誰もいなかった。李会昌本人も、自分の勝利を疑わなかった。そのため、過去の候補者のように、政敵と連合してより勝利を確実にするということも行わなかった。

もう一つは、盧武鉉と鄭夢準(チョンモンジュン)との連合の失敗だ。

鄭夢準は、2002年のサッカーワールドカップを韓国に招致した立役者だ。そのため、彼も有力な大統領候補としてマスコミに取り上げられていた。

もちろん、ワールドカップを招致しただけで大統領になれるほど甘くはない。そこで、鄭夢準は盧武鉉に候補を一本化した。この結果、鄭夢準は盧武鉉の選挙遊説を手伝うようになる。

ところが、大統領選挙の前日、鄭夢準はいきなり盧武鉉への支持を撤回してしまった。理由は今でもはっきりとしない。

盧武鉉は鄭夢準の家を訪ねて外で待ったが、鄭夢準は門を開けなかった。盧武鉉は悲しげな表情でその場を去った。

このシーンは、テレビで放送された。そしてこのことが、ハシゴを外されたはずの盧武鉉に有利に働いたのだ。

鄭夢準は数千億円の財産を持つセレブだが、それらはすべて親から相続したものである。一方の

自殺をとげた
7章　盧武鉉

盧武鉉は貧しい農家に生まれ、自力で弁護士になった人だ。

その日、国民が見た盧武鉉の姿は、自分自身の姿だった。自分よりも地位の高い人、既得権を持つ人に裏切られ無視され続け、いつも負けるしかない庶民、弱者の姿だった。

ノモサたちに囲まれる盧武鉉

これらすべての要因が重なり合って、2002年の大統領選挙では、盧武鉉が48・9％、李会昌が46・6％の得票で、盧武鉉が当選した。その差はわずか2・3％（約57万票）で、まさにギリギリの、劇的な逆転劇だった。

この時の大統領選挙で注目すべきは、インターネットが積極的に活用された点だ。

盧武鉉が短時間で高い支持を得ることができたのは、盧武鉉の支持者たちが「ノサモ」（「盧武鉉（ノムヒョン）を愛する（サラン）人々のクラブ（モイム）」の略語）というファンクラブを作ってインターネットで熱心に活動したからだ。金大中時代に全国に普及したインターネットが、若い人々が支持する左派政治家を大統領にまでしたのである。

そしてこの選挙の結果をうけて、支持層の年齢が比較的高いハンナラ党も、戦略をインターネット中心に変えることになった。

この選挙では、金大中の時のように保守系の力を借りたわけでもなく、保守の分裂もなかった。左派が自力で大統領選挙で勝利した、最初の事例である。

新聞による盧武鉉叩き

任期中の盧武鉉はどのような仕事を行ったのだろうか。

平均経済成長率を見ると4・3%で、今見ると悪くない水準だ。だが保守派は、「香港の6・5%やシンガポールの6・4%、台湾の4・5%などに比べて低い」ときつく批判した。筆者も「経済が悪い」「盧武鉉政府の政策の問題は深刻だ」という批判をほとんど毎日見聞きした記憶がある。内容は、おおよそ「我々保守なら、経済成長率7%は可能だ！　左派が権力を握ったから経済が悪いのだ！」というような非難だったと記憶している。

だが、香港とシンガポールは小さな都市国家だし、台湾の成長率とはあまり差がない。後に保守が与党になった時代（李明博（イミョンバク）～朴槿恵（パククネ）時代）の経済成長率は2～3%にすぎないから、前述の評価は的外れなものと言えるだろう。

自殺をとげた
7章　盧武鉉

政府の仕事には多様な分野がある。それらのどれを中心として解釈するかにより、いくらでも事実より悪く評価することはできる。

例えば経済が好況で経済成長率が高い状況では「不動産の価格が暴騰して大変だ！」「貧富の差が激しくなった！」などと報道することができる。これは実際、保守派の新聞が盧武鉉政府を攻撃した時の方法である。「こんなことでは韓国はもうおしまいではないか」という気持ちになるほど、その攻撃は酷かった。

当時、盧武鉉は保守派の新聞と仲が良くなかった。

金泳三の章でも書いたが、韓国の新聞はほとんどが保守派である。当時はインターネット時代になってからそんなに長い時間は経っていなかったから、多くの人が新聞を購読していた。

なぜマスコミは盧武鉉をそれほど憎悪したのか？

単に政治観が異なるからだろうか。では、なぜマスコミは金大中を同じように批判しなかったのか？

このように、一見複雑に見える現象を説明しようとする時は、「これはひょっとしてお金の問題ではないか？」と疑う習慣を持つと良い。すると、意外と簡単にすべてが説明できるのだ。

保守派の新聞社は、既存の体制をいろいろ改革しようとする盧武鉉政府が気に入らなかった。例えば、権力とマスコミの癒着もその一つだ。法律上、すべての企業は5年に1回、税務調査を受けることになっている。だが、新聞社はいろいろな言い訳をつけてそれをまったく受けていなかった。新聞社は権力を使って脱税しやすい環境を作っていたということだ。

事業をしたことのある人なら、「税金を支払わない」という特権がいかにすごい権力であるかが理解できるだろう。しかし盧武鉉は新聞社への税務調査を原則通り行うことを指示し、言論の改革に数多く言及した。そのために恨みを買ったのだ。

政治家は絶対にマスコミを敵に回してはいけない。それは盧武鉉の任期中の支持率がマスコミの攻撃のせいで暴落したことから分かる。

就任した2003年初めには60%だった彼の支持率は、年末には22%まで暴落した。そしてそれは3年間続いて、2006年末にはさらに下落して12%を記録する。

そして、そのようなマスコミの報道を受け止める一般の人々も変わってきた。

一般人が盧武鉉政府を嫌ったのは、彼の任期中に不動産の価格が暴騰して、貧富の差が大きくなったからだ。このことは人々が盧武鉉時代を回想するときに一番に思い出すことでもある。

盧武鉉政府の5年間で、ソウルの住宅価格は56%上昇した。これはあくまで平均の数値で、「江南（カンナム）スタイル」で有名になった、ソウルの江南などの中心地のマンション価格は80%上昇した。マンションの価格がほとんど2倍になったわけだ。

当時は全世界的に不動産の価格が暴騰していた。韓国では、金大中政府が通貨危機後の経済回復のために不動産への規制を大胆に撤廃したこともあり、大量のお金が不動産に流れるという事情もあった。

しかし、不動産価格は人々の生活の基盤となる、きわめて重要な指標だ。これを安定させられない政府は国民の支持を得ることはできない。

盧武鉉政府は強力な不動産価格安定対策を30回あまり発表した。彼は任期中、終始不動産と戦ったとも評価される。だがその結果は、市場の需要と供給の原理に政府が勝つことはできないということを証明しただけであった。

また、経済的不平等は財閥の中でも拡大していた。

通貨危機の後も生き残った財閥において、堅実な財閥と不誠実な財閥の力の差は拡大していった。

その中でもサムスングループは他のどの財閥よりも強い勢力になっていた。半導体への大規模な投資のおかげだ。デジタル時代のトレンドを正確に把握し、それに大胆な投資を行ったのがサムスンのオーナー・李健熙(イゴンヒ)の最大の功績だった。

サムスングループは江南に「サムスンタワーパレス」(一般的には単に「タワーパレス」と呼ぶ)という高層マンション団地を建設した。

李健熙は、タワーパレスの入居者を募集する時に、入居者の持つ資格を審査するように指示したという。資格のない人は入れたくないということだ。このようなエピソードから、李健熙のエリート主義を見ることができる。

タワーパレスは完成後すぐに富の象徴になった。そして、マスコミは「貧富の差が拡大した」とか「不動産の価格が上がった」と報道する時は常にタワーパレスの画像を使った。

富の象徴、サムスンタワーパレス

このような報道を見ていると、まるでタワーパレスに住んでいる人々が「悪いお金持ち」のように感じられる時がある。盧武鉉時代には経済的不平等が深刻になっただけではなく、それを象徴する巨大な建物まで建設されたのだ。

マスコミは、毎日盧武鉉の不動産政策の失敗と経済的不平等の拡大を攻撃した。

国民は、タワーパレスの写真とともに掲載されたこのような記事を読んで、「本当に盧武鉉政府が国を滅ぼしている」と思ってしまうのだ。

すると、選挙で盧武鉉に投票した人も「やっぱり経験のある他の大統領が良かったのだろうか」と考えるようになった。多くの人の政治観が保守に変わったのもこの時期である。この時期に青少年だった人の多くは、保守の政治観を持つようになった。

価値観を形成する時期に、毎日「進歩派は悪い」「左派のせいで国が滅びる」「保守の時代は良かった」という報道に接しているのだから、このような結果は当然である。

しかし、冷静に当時を回想してみると、経済や生活文化が過去に比べて飛躍的に成長していたことが分かる。特にインターネットの発達は人々の生活を大きく変えた。

映画産業もこの頃大きく発達した。かつての韓国映画は質が低かったので、韓国人の中にも〝映画館に行っても韓国映画は絶対に観ない〟という人が多かった。それが2000年頃に変わり始め、外国の映画と比べても遜色のない水準の作品が多数登場するようになり、内需市場が急激に成長した。

時代は「煙突産業」と呼ばれる、ハードウェアを作る産業構造から、コンテンツとソフトウェアを作る産業へ変化していた。スターバックスが大衆化したのもこの時期である。昔に比べて消費生活がおしゃれになり始めた時期だったのだ。

北朝鮮による核実験

盧武鉉政府が任期中に批判されたのは経済に関することが多かったが、実際の問題はそれよりも安全保障と外交についてのことだった。

盧武鉉は左派らしく基本的に反米だったし、北朝鮮に対しては無条件に融和的だった。前政府の太陽政策を続け、北朝鮮に巨額の支援をしながら良好な関係を維持しようとしたが、北朝鮮は2006年、それに核実験の実施という形で応じた。

実は北朝鮮は1960年代から核兵器を研究していたが、その研究が飛躍的に進展したのは金大中~盧武鉉政府時代である。北朝鮮への巨額の支援が核の研究に役立ったことを十分疑うことができる。

アメリカとの関係が悪くなったことも問題だった。

当時は韓国内で反米感情がもっとも高い時期だった。その理由は、2002年に起こった「女子中学生圧死事件」だ。

７章　<ruby>盧武鉉</ruby>

自殺をとげた

２００２年6月、２人の女子中学生が米軍が運転していた装甲車の下敷きになって死亡した。事件の発生後、インターネット上に現場の写真が流布した。装甲車に潰された身体からは内臓や脳が流出していた。衝撃的な写真を見て冷静になることは難しい。特に血気盛んな若者は「米軍が悪い！」という考えになりやすい。

このような事件があった上に、大統領も反米傾向だったのだから、アメリカとの関係が良いはずがない。

さらに、盧武鉉政府は「戦時作戦統制権」を取り戻すことも推進した。

李承晩政府時代にアメリカと結んだ条約により、戦争が起こった時、韓国軍は米韓連合司令部に指揮されることになっている。戦時作戦統制権を取り戻すということは、つまり戦時において韓国軍を指揮する権利を韓国政府が取り戻すということである。

これは、韓国軍と在韓米軍との決別を示唆する。左翼勢力が常に望む「在韓米軍の韓国からの撤収」のステップの一つになるのだ。

このことは、米韓の安保を重視する保守派に強く非難された。

また盧武鉉は、延坪海戦の原因となったＮＬＬ（海上の軍事境界線）について、北朝鮮の肩を持った。

彼は、NLLは南北和解の邪魔になるからなくしてしまって、近辺の海上は北朝鮮と共同で管理しようと言い、管理方法なども提案した。

これがどれだけ危険な発想かというと、北朝鮮では漁船に偽装した船で軍人が移動することも多い。もし盧武鉉の案が実現すれば、北朝鮮の軍人が自由にソウルに侵入できてしまうのだ。

当然だがこれはただの案で、実現はしなかった。しかし大統領がそんな重大なことを厳密な検討もなく公言し、国民を不安にさせたのだから、右派の格好の攻撃対象になった。

政治の混乱

盧武鉉政府時代には政治的な混乱も多かった。

まず、2004年3月、盧武鉉が弾劾訴追された。

大統領選挙の後、盧武鉉と彼の派閥は民主党を離党して「ウリ党」(我々の党)を立党した。こうなると民主党は盧武鉉に恨みを持つ。こちらは大統領になれるよう熱心にサポートしたのに、彼らは裏切って離党したと考えたのだ。

そこで民主党はハンナラ党と手を組んで、ともに盧武鉉の弾劾訴追を始める。以前は想像することもできなかった、民主党とハンナラ党の連合が実現したのだ。

表向きの理由としては、盧武鉉の「国民がウリ党を圧倒的に支持してくれることを期待します」などという発言への弾劾だった。

大統領には政治的中立の義務があるから、このような発言をしてはいけない。だが、これが弾劾できるほどの問題かと言えば、そうでもない。世論調査の結果も、弾劾は不当だという意見が圧倒的に多かった。

数にまかせて勝手に弾劾を推し進めたという理由で、世論はハンナラ党と民主党に不利になり、傲慢な野党に抗議する大規模なデモも起こった。

当然ながら憲法裁判所で弾劾は棄却され、2つの党の人気は暴落した。些細なけちをつけて大統領を弾劾し、余計に国家に混乱をもたらした利己的な集団、それがハンナラ党と民主党への評判となってしまった。

そしてハンナラ党にはもう一つ、事件が起こる。

それは2002年の大統領選挙での不正な巨額政治資金の問題だった。

政治を行うためにはお金が必要だ。だが、韓国では政治家が企業家などから寄付を受けることはできない。公式の寄付金だけを使うことになっているが、現実的にそれだけでは選挙活動は不可能だ。そのため、政治家はいろいろな方法で不正に政治資金を受け取ってきた。

しかしこの頃には、金泳三が実施した金融実名制のせいで、銀行口座でお金を受け取ることができなかった。

困ったハンナラ党はかなりイノベーティブな方法を考え出す。それは2・5トントラックの中にいっぱいに詰めた現金を車ごと受領するという方法だった。

当時は最高額の紙幣が1万ウォン、つまり1000円札だった（今は5万ウォン札がある）。そのため、選挙資金となるほどの額の紙幣を運ぶためには数台のトラックが必要だったのだ。

この不正は大統領選挙の翌年にばれて、検察の捜査を受けることになった。

最終的にハンナラ党は不正に受け取った800億ウォンを弁済しなければならなかった。この事件のせいで、「ハンナラ党は最悪の腐敗集団」というイメージができてしまった。

そして、これはハンナラ党の李会昌にとって致命傷となった。もしこの事件がなければ次の大統領選挙も李会昌が出馬したはずだが、彼の人気は落ちてしまった。

民主党も捜査されたが、その金額はハンナラ党の8分の1にすぎなかった。

この事件で利益を得た政治家がいる。当時ハンナラ党の国会議員だった朴槿恵（パククネ）だ。

彼女は没落したハンナラ党の代表になって記者会見で国民に謝罪し、党を再建し始めた。

不正によって没落した保守党を、朴正熙の娘が直接再建するのだから、大衆の印象はかなり良かった。右派寄りの有権者は彼女を次の有力な大統領候補として考えるようになった。

またハンナラ党にはもう一人、李明博（イミョンバク）という、強力な大統領候補がいた。彼は2002年からソウル市長として多くの成果を上げ、人々に注目されていた。

ハンナラ党にはこのように競争力がある候補者が2人もいたが、ウリ党にはそのような候補者がいなかった。何よりも進歩派はウリ党と民主党とに分かれていたうえ、民主党にも強い大統領候補はいなかった。

結果、進歩派は2007年の大統領選挙で保守派に惨敗し、10年間の左派政府は終わった。次に大統領になったのは、右派の李明博だった。

辞任後の人気急上昇

任期を終えた盧武鉉は、故郷の烽下（ポンハ）村に戻っていた。

ソウルが発展しただけで、地方は立ち遅れている現実について深く悩んでいた彼は、任期後、農村だった故郷を発展させようとしたのだ。

彼は烽下村の村長になり、村の人々と農業を研究する一方、「人の生きる世」というホームページを作って多くの人々とも交流した。彼が研究していた、農薬を使わずカモを利用して穀物を育てる新環境農業は成功し、農村の収益を高めるのに大きく役に立った。そして森で木を育てる造林事業、コンクリートで固められ汚染された川を自然な状態へ回復させる事業なども進めた。

退任後の生き方としてはかなり望ましいと言える。これだけは、任期中には彼を嫌っていた人々も認めていることである。

そうするうちに彼の活動はマスコミで紹介され、数多くの人に知られることになった。結果、農家になった前大統領を見るためにわざわざ烽下村を訪ねる人も出た。

現職大統領としては人気がなかった彼は、前職大統領としては最高の人気を得ていた。

一方、新しく大統領になった李明博は、狂牛病が発見されていた米国産牛肉の輸入をむりやり推し進めるなどの行動で、人気を落としていた。アメリカとの関係が悪かった盧武鉉と違って、自分は米韓の関係を重視するということをアピールしたかったのだろうが、アメリカが要請したこともない事柄を先んじて譲るという低姿勢の外交には、誰も納得できなかったのだ。彼の強引な態度は人々を怒らせ、ソウルでは米国産牛肉の輸入に反対する大規模なデモが起こった。

するとマスコミは、任期後の盧武鉉と李明博を比較する番組を数多く放送した。

そこで見られたのは、素朴な生活をしながら近隣の人々とあいさつしたり、自転車で畑に出て子供たちにアイスキャンディーをおごるという、人間的な盧武鉉の姿だった。

敵対的だったマスコミがなぜ彼を友好的に紹介したのか理解できないかもしれないが、盧武鉉が現職大統領だった時に彼を批判したマスコミは主に新聞だった。対して、盧武鉉の任期後の農家生活を紹介したのは主にテレビである。

この頃のテレビは、右派寄りの新聞に比べると比較的公正な傾向があった。そして新聞も、引退した元大統領を叩く必要はないので、彼の生き方を紹介するようになった。

李明博が大統領になってから1年も経たないのに、国民たちはもう盧武鉉を懐かしがっていた。

李明博による印象操作と訴追

このような状況は、李明博を追い詰めた。

しかも、米国産牛肉の輸入反対デモの背後にはノサモ（盧武鉉ファンクラブ）と親盧があるという情報もあった。盧武鉉がたびたびインターネット上で民主主義についての文章を発表して右派政府を批判したことも李明博を刺激した。

そこで、李明博政府は二つのことを決心する。

一つめは、右派に不利な内容を報道するテレビを変えることだった。法律を変えて保守派の新聞社がテレビ会社を運営できるようにして、テレビ番組を右翼化させるのだ。

そして二つめは、盧武鉉のこれ以上の活動を不可能にすることだった。テレビの右傾化計画には時間がかかる。だが盧武鉉を弾圧することは即時可能だ。

李明博政府は盧武鉉の弱点を探した。良いイメージを完全に壊し、大衆から軽蔑されるような欠陥を探し出して、検察や国家情報院、そしてマスコミを総動員してそこを攻撃するつもりだった。

もっとも簡単なのは政治資金である。

李明博政府はまず、盧武鉉をサポートしてきた企業家を探し出した。

盧武鉉を個人的にサポートしていた企業家は2人いた。1人はチャンシン（changshin）繊維の会長だった姜金源（カングムウォン）、もう1人はテクァン（taekwang）グループの会長朴淵次（パクヨンチャ）だった。姜金源は盧武鉉だけを後援していて、朴淵次は数多くの政治家たちにお金を渡していて、その中の1人が盧武鉉だった。

韓国の大統領は検察に対して無限の権力を持っていて、何でもできることは前述した。

そして検察は、盧武鉉に組織改革を強要されたことで、恨みを持っていた。

実は盧武鉉が任期中にもっとも気を遣ったことの一つは、この検察の改革だった。

検察は、捜査から起訴までの権限を独占しているので強力だ。特に問題なのは、起訴の権限を独

自殺をとげた

7章　盧武鉉

占していることだ。検察は有罪の権力者への起訴を勝手にキャンセルすることさえできる。そしてそれがすべての権力型不正の原因となる。

盧武鉉がその権限を奪おうとすると、検察は猛烈に反抗した。

こうなった経緯には盧武鉉の責任もある。彼は検察改革について話す時、「検察の首脳部は信頼できない」などという慎重ではない発言で検察を憤慨させた。検察の人々はきわめて自尊心が強い。改革をしようとしても、このようなことを言ってしまうと、検察という組織を説得することはできない。検察の中には盧武鉉に対して悪感情を持つ人が多くなった。

そして、李明博が大統領になると、検察への待遇は良くなった。李明博は検察改革にはまったく関心がなかったため、検察は以前の権力を取り戻すことができた。

李明博は検察を使って、盧武鉉を支援してきた前出の2人の企業家を徹底して調査する一方、盧武鉉の家族を一人一人検察に召喚した。そして最後には盧武鉉本人を召喚した。

これは彼の周囲の人から徐々に圧迫していく方式で、盧武鉉をもっとも効果的に苦しめるためだった。

盧武鉉は不正に関わることを警戒していたため、企業家からお金をもらう時には証拠を徹底して残していた。法に詳しい弁護士出身らしい。

朴淵次から15億ウォンをもらった嫌疑について検察が訊くと、盧武鉉は借用証を見せた。それは退任後に故郷に家を建てるために必要な資金だった。これについては証拠もあったし任期後の取引だったから、検察も不正ではないと判断した。

だが検察の捜査中に、盧武鉉は新しい事実を知る。それは、自分が大統領だった時、妻が朴淵次から100万ドルをもらっていたという事実だった。

盧武鉉の娘はアメリカに住んでいたが、そのお金でマンションを買ったという。報道によると、盧武鉉は妻が朴淵次からお金をもらっていたのは知っていた。だがそれは娘の学費などの小額だと思っていて、家を買えるほどの巨額だとは想像していなかったという。

これは盧武鉉自身のミスだ。いくら小額といっても、権力者が企業家からお金をもらったという事実は変わらないからだ。

彼はこの件を、「いっそ自分がお金をもらったと言った方がマシなのか」と悩んだという。「私が知らないうちに妻がもらった」と言えば、自分が直接もらったと言うよりもっとイメージが悪いからだ。だが、結局彼は事実のままに言った。

検察の調査は、嫌疑者が検察に嫌われている人の場合、いじめのようになることが多い。盧武鉉と彼の関係者への調査は数ヵ月にわたって続けられた。

自殺をとげた
7章　盧武鉉

遺書を書いて山に入る

盧武鉉への捜査の特徴は、捜査の内容が毎日マスコミに流出するという点だった。このようなケースは前例がない。捜査内容の発表は捜査が終わった後に限るのが正式な形だが、政府には盧武鉉に恥をかかせるという目的があったので、このようになったのである。

盧武鉉を後援した企業家の一人である姜金源は、脳卒中だったにもかかわらず拘束されて調査を受けているうちに病態が悪化した。病気のための保釈を申請したが、検察がそれを断ったからだ。姜金源の保釈申請は盧武鉉の死後にかろうじて承諾されたが、もう治療の時期を逃してしまっていて、結局彼は死亡してしまう。

これは、検察がわざと殺したと言っても過言ではない。このように検察のせいで人が死ぬ事件を「司法殺人」と呼ぶ。検察の恐ろしさを知ることができる言葉だ。

また検察は、国家情報院を相手に、新しい保守権力への「忠誠競争」をしていた。国家情報院は本来は北朝鮮に関する情報活動を担当しているが、この時はインターネットの世論を操作して盧武鉉に恥をかかせる方法を提案していた。

それに対して、検察は彼を拘束して捜査する方法を主張した。

このように、国家情報院による越権で検察の捜査にまで関与することで、双方の職員の間に軋轢が生じた。国家情報院は本来の義務は閑却し、権力へ忠誠を尽くす機関に転落していた。

一方、盧武鉉は自分への捜査が簡単に終わらないことを知っていた。彼は自分に敵対的な検察に数ヵ月間にわたって調査されるうちに、健康状態を悪化させていた。妻がお金をもらったことを知ってからは、彼女への悔しさもあったようだ。

もう彼には生きる意欲が残っていなかった。

２００９年5月23日の朝、彼は短い遺書を書き残した後、近所の山に登って投身自殺した。

遺書の全文は次の通りだ。

あまりにも多くの人たちのお世話になった。
私のせいでいろんな人が受けた苦痛はとても大きい。
これから受ける苦痛も推し量ることができない。
余生も他人の荷物にしかならない。
健康状態が良くないので何もすることができない。
本を読むことも、文章を書くこともできない。

自殺をとげた

7章　盧武鉉

あまり悲しむな。
生と死はすべて自然の一部ではないか。
すまないと思うな。
誰も恨むな。
運命だ。
火葬にしてくれ。
そして家の近くに、小さな石碑を一つだけ残してくれ。
昔からの考えだ。

8章

数々の容疑で逮捕された

李明博（イ・ミョンバク）

(1941-)

大韓民国第17代大統領
（在任期間：2008～2013）
退任後に収賄、背任、横領、
職権乱用等の罪で逮捕・起訴され、
現在も裁判のさなかにある

「サラリーマンの神話」から大統領へ

前任の盧武鉉が大統領だった頃は、「経済状況が良くない」「経済的不平等が大きくなっている」と毎日報道されていた。そのため、２００７年の大統領選挙では「経済」がもっとも重要なキーワードだった。

その雰囲気の中で高い人気を得ていたのが、ハンナラ党の李明博だ。

彼は大学卒業後現代（ヒョンデ）建設に入社し、能力を認められて30歳で取締役、37歳で社長にまで昇進した経歴を持つ、「サラリーマンの神話」と呼ばれる人物である。その後政治家に転身しソウル市長を務め、そこでも実績を出していた。

ハンナラ党の予備選挙では、この李明博と朴槿恵（パククネ）が対決した。２人の競争は熾烈だったが、結局は実績のあった李明博がハンナラ党の候補になった。

その頃、盧武鉉率いる左派政府は、国民の支持が非常に低く苦しい状況だった。

２００７年には、盧武鉉がつくったウリ党から国会議員が一人一人と離党して再び民主党に戻っていき、やがてウリ党は解体に至った。

規模が大きくなった民主党は２００７年8月、「大統合民主新党」と改名した。そして昔から強力な大統領候補だった李仁済(イインジェ)が大統領候補になった。

ちなみにこの時、ある派閥が離脱して党名を「民主党」とする。名前は民主党だが、実際には一つの派閥がつくった小さな政党なので、紛らわしいが間違えないでほしい。

実際、この時の大統領選挙は、歴代の中でもっとも複雑なものだったと思う。一般的には2～3人で開催されるテレビの候補討論に、この時は6人の候補が登場したほどだ。

ハンナラ党・李明博
大統合民主新党・鄭東泳(チョンドンヨン)
独自出馬・李会昌(イフェチャン)
民主党・李仁済
創造韓国党・文国現(ムングヒョン)
民主労働党・權永吉(クォンヨンギル)

複雑な混戦に見えるが、おおざっぱに見ると、李明博と鄭東泳の対決と言える。李明博は右派最大の候補で、鄭東泳は左派の候補だ。

とはいえ、じつのところ鄭東泳は李明博の相手にはならなかった。李明博は建設会社の出身らしく、スラム化していた都心のリニューアルに成功したり、交通システムを便利に改革するなどで、市民からの評価が高かった。

反面、テレビのニュースキャスター出身の鄭東泳は、李明博のような実績も、盧武鉉のような弱者のために献身したストーリーもなかった。

そのうえ、選挙活動でも有権者に好感を与えなかった。選挙活動で市民と直接会っていると、たびたび支持者が飲み物をくれたりする。李明博はありがたくそれをもらって美味しそうに飲む姿を見せたが、鄭東泳は「後で飲みます」と冷ややかな態度で断った。どちらが人間的に見えたかは歴然である。

そして、２人のスローガンは、李明博が「経済大統領」、鄭東泳が「家族が幸せな国」だった。どちらが勝つだろうか？　後者には工夫の痕跡も、選挙に勝とうとする意地もまったく見られない。２００７年の選挙は、前任の盧武鉉の評価が悪かったために最初から保守派に有利ではあったが、進歩派の候補の競争力も非常に低かった。

結果、２００７年の大統領選挙の結果は次のようになった。

李明博…48・７％、
鄭東泳…26・１％

数々の容疑で逮捕された
8章　李明博

李明博の得票率が圧倒的だったことが分かる。ちなみに李会昌は15・1%、李仁濟が0・7%、文国現は5・8%、權永吉が3・0%だった。

李明博が当選したのは、ひたすら経済政策への期待感のせいだと言える。

彼は演説や討論が下手だったし、見た目もそれほど好感を与える人ではない。政治家にとって見た目は重要だが、彼はまるでマリリン・マンソンのように見えて、支持者たちさえ彼は見苦しいと認めるほどだ。

彼はソウル市長時に有能だったという評判と、「経済大統領」というスローガンのおかげで大統領にまでなったと言える。当時の最重要項目は「経済を生かすこと」だったのだ。

ちなみに、この選挙で最大の異変は、極左に分類される民主労働党の權永吉が3%得票したことだった。3%なんて高くないと思う人もいるだろうが、民主労働党は在韓米軍の撤収と韓国の共産化を最終目的とする集団だ。そのような極左主義者が3%の得票をしたのだ。

勢力を拡大した左派勢力は、後に李明博政府を転覆するために大規模なデモを主導する。権力を握った右派勢力と、さらに先鋭的になった左派勢力との激突が始まったのは2012年からだ。

国民の意見を聞かない「不通政府」

圧倒的な得票率を得て就任した李明博だったが、その人気を失うまで長い時間はかからなかった。就任後、李明博はアメリカからの牛肉の輸入を決定した。アメリカとのＦＴＡ（自由貿易協定）を円滑に可決するためという理由だったが、問題は当時の米国産牛肉には狂牛病の危険があることが大衆にも知られていて、政府の決定に反対する世論が強かったことだ。

牛の成長を促進するために牛の肉骨粉を食べさせることにより発生する狂牛病は、確率は低いが人間に感染すると致命的だ。すでにイギリスでは死亡者も生じ、その結果、肉骨粉で育てた６００万頭の牛が殺された。

どう感染するか、そしてどれほどの牛が感染しているのかが分からないこと、そして自分が感染しているのかどうかをまったく知ることができない点が狂牛病への恐怖を増大させた。

左派団体はこれを反政府運動を展開する良いチャンスと思った。結果、インターネットには狂牛病の危険についての多くの資料が流布した。そしてその中には事実ではない資料も多かった。

例えば、病院で狂牛病に感染した看護婦たちがお互いに噛り付いたとか、アメリカが狂牛病の臨床実験のために韓国を利用しようとしているという陰謀論などだった。

8章　李明博
数々の容疑で逮捕された

米国産牛肉の輸入に反対する大規模デモ

ある左派漫画家が描いた漫画には、狂牛病になった人々がゾンビのようになって街を徘徊したり、人を攻撃して人肉を食べたりしているシーンがある。その漫画家は本当に狂牛病の症状をこのように考えていたのか、それとも漫画的な誇張として描いたのかは不明だが、大衆が狂牛病を実際以上に恐ろしい、奇怪な病として認識していたのは事実だ。

デモ隊が持っているカードには「私は生きたい!」「李明博は我々を全部殺す気か!」と書かれている。今見るとアホらしいが、当時の人々にとっては深刻な問題だった。

嘘で大衆を扇動した団体が何なのかはよく知られていないが、米国との関係を悪化させるという目的を持つ左派団体が関わっているのは確かだ。極左の最終的な目的は在韓米軍の撤収だが、そのためには左派が権力を握ることが必要だ。だから、右派政府の任期中に大きな混乱を起こしたのだ。

扇動は大成功し、騙された人々は大規模なデモに参加した。

狂牛病にまつわる嘘を信じていない人も数多くいたが、そんな人もなぜ政府が国民の意見を無視して牛肉の輸入を強行するのか、理解できないと考えていた。もし本当にアメリカとの貿易交渉に必要だというなら、なぜ一方的に牛肉の輸入だけをしなければならないのか。どうしても輸入が必要だとしても、国内の反対を利用して輸入を延期するとか、牛肉の代わりに他の項目の貿易について有利な条件で交渉するのも可能だったはずだ、という考えだ。

大規模なデモが起きたにもかかわらず、李明博政府はそれにまったく屈しなかった。彼は米国産牛肉の輸入を一方的に決定して実施した。韓国が得る代価は何もなかった。もはやアメリカへのプレゼントだったのだ。

人々は後になって、当時狂牛病について流布した資料のほとんどが嘘だったことを知った。しかし問題は政府のかたくなな態度だったから、李明博政府への悪感情はそのままだった。マスコミは国民の意見をまったく聞かない政府を「不通政府」と呼んだ。ちなみに、次代の朴槿恵政府も「不通政府」として悪名高かった。このような傲慢な態度は、のちに右派が権力を失う決定的な原因になった。

その一方、事件の後、人々を煽る左派の所業を目の当たりにした少なくない人が左派団体に幻滅し、右派を支持するようになった。しかしそれは李明博への支持を意味しない。もし右派で李明博以外の、マシな人物が現れればその人を支持する準備があるという意味だ。

数々の容疑で逮捕された
8章　李明博

狂牛病騒動の後も、李明博政府は「不通」の態度を改善しなかった。

李明博の公約の中に「韓半島大運河の建設」がある。これは朝鮮半島の真ん中を貫通する巨大な運河を建設して、雇用創出と景気浮揚をするというものだった。

このように土木工事で景気を浮揚する政策は、アメリカの大統領ハーバート・フーヴァーが大恐慌を克服するためにダムを建設した事例が有名だ。

だが、当時と現代では状況が違う。現代では機械を使って建設するので、雇用効果はそれほど大きくない。また、今は自然保護が重要視される時代だ。人工的な運河を建設すれば、自然破壊は予測できないほどの規模になるだろう。そもそも、韓国は半島で3面が海に面しているのに、なぜ運河が必要なのだろう？

目的のない、ただ「経済を活性化するため」の、工事のための工事にすぎないのだ。

だから、李明博の支持者でも大運河に反対する世論が圧倒的に多かった。代案がなかったから李明博に投票したものの、大運河は望んでいなかったのだ。

大運河建設反対のデモが起こると、さすがに政府は計画をそのまま実行できなくなった。

しかし李明博政府は「韓半島大運河」計画を「4大江整備事業」計画に変更した後、工事を強行した。4大江とは、韓国のもっとも大きな4つの河川を意味する。その河川に大規模な堰を建設し

て、水の利用と洪水の予防を容易にすること、そして河川の周りを開発して公園などを作ることが目的だった。

莫大な予算が工事に使われ、李明博の任期内に工事は完成したが、結果は良くなかった。堰のせいで流速が遅くなって水質が悪くなったのはもちろん、任期内にむりやり完成しようとしたせいで不正工事も多かったことが分かった。

韓半島大運河建設計画は４大江整備事業に変更し強行された

そして莫大な予算が建設会社に流れただけで、国民が感じる利益は特になかった。不必要なところに作った公園には誰も訪れず、雑草だけがはびこる場所になった。

肝心の経済も低調

経済成長も良くない水準だった。

李明博政府の任期中の平均経済成長率は3・2%だ。「経済大統領」のスローガンを考えれば、完璧な失敗だと言ってもいい水準だ。

右派が激しく非難していた盧武鉉政府の平均経済成長率は4・3%だった。しかしマスコミは李明博政府の経済の失敗を報道しなかった。右派新聞が右派政府を批判するはずがないし、この頃にはテレビも新政府の人々が掌握していたからだ。

李明博政府時代の言論の自由はかなり悪化していた。国際言論監視団体RSFが公開した資料によると、韓国の言論自由順位は2006年には180国中31位だったが、李明博政府になった2009年には69位まで後退した。政府は政策の失敗を言論弾圧で隠す戦略を使っていたのだから、このような結果は当然だ。

前任の盧武鉉政府が国民の不興を買ったのは、経済的不平等の拡大が理由だったが、李明博政府の時代にそれが改善されたわけでもない。さらに悪化していると体感する人が多かった。このような雰囲気は出版市場を見ても把握することができる。

盧武鉉政府時代には多くの人が「経済が悪い」と不満を言いながらも、書店には『10億ウォン（1億円）を稼ぐ方法』『あなたも10億ウォンを稼ぐことができる』『私の夢、10億を作る方法』などの、お金持ちになる方法についての本が並びベストセラーになっていた。

『サラリーマン夫婦のタワーパレス入城記』という本もベストセラーだった。平凡なサラリーマン夫婦が必死に働いて貯蓄したお金で不動産に投資して財産を増やし、当時の富の象徴だったマンション、タワーパレスに引っ越した話を書いた本だった。批判も多かったが、希望もある時代だったのだ。

だが、李明博政府の時代になると、社会は希望を失い、すべてをあきらめた様子で、お金持ちになるための本も人気を失った。そして、不正でお金を稼いだお金持ちへの敵意が大きくなっていった。

大衆文化からも当時の雰囲気を見ることができる。

例えば2012年に公開された『タワー』という韓国映画には、お金持ちが住む最先端の巨大なマンション「タワースカイ」が登場する。誰が見ても韓国で富の象徴となっているタワーパレスを連想する名前だ。

映画の主人公は宝くじに当たってそのマンションに住むようになった普通の人だったが、ある日、マンションで最悪の火災が発生して、生き残るために奮闘する。

企画の意図は露骨だ。「ああ、タワーパレスが崩壊すればいいのに」という、人の心に潜在する嫉妬を映画で実現したわけだ。社会には「私もいつかお金持ちになれる」という雰囲気がなくなり、福祉の拡大を要求するようになっていた。

北朝鮮による挑発

そして、安全保障面では致命的な事件が起きた。

一般的には、右派政府は左派よりも安全保障は上手いというイメージがあるが、李明博政府時代にはそうではないことが分かってしまう事件がいくつも起きてしまったのだ。

2010年3月26日、NLL（海上の軍事境界線）付近にある白翎島（ペンニョンド）の周辺に停泊していた哨戒艦「天安（チョナン）」が沈没して、46人の軍人が死亡するという衝撃的な事件が起こった。後の調査でそれが北朝鮮の攻撃によるものだったことが分かったが、北朝鮮がなぜこんなことをしたのかは今も謎だ。

事件後に韓国が抗議すると、北朝鮮は「それは捏造だ」と主張した。多くの場合、北朝鮮は挑発の時に「在韓米軍との訓練を中止しろ！」などと具体的な主張を発表するが、この時はそれもなかった。だから左派からは、「政府の低支持率の打開策として天安をわざと沈没させたのだ」という陰謀論まで出てきた。この説はインターネットで広く流布したが、信じる者はいない。

原因不明の事件だったから陰謀論が流れるのも当然だが、もしかしたらこの事件は、武力挑発に対する保守政権の対応をテストするための攻撃だったのかもしれない。

さらに2010年11月23日には、やはりNLL付近にある延坪島(ヨンピョンド)を北朝鮮が突然砲撃して、民間人と軍人の死亡者が発生するという、朝鮮戦争休戦以後最大の事故が起こった。

当時、韓国軍は延坪島で射撃訓練を行っていた。

事件の3時間前、軍は北朝鮮の攻撃の兆候を発見して首脳部に報告する。だが、首脳部はその報告を無視した。なぜ首脳部がその報告を無視したかは不明だ。

そしてその日の2時34分、北朝鮮の砲撃が始まった。ロケット弾などが100発以上無差別に発射される攻撃が1時間ほど続いた。

幸い、人口が少ない地域だったから被害者の数は少なかったが、この攻撃により韓国軍の2人が戦死、16人が負傷した。民間では2人が死亡、3人が負傷した。

李明博は、「その後韓国軍も対応して砲撃をした、北朝鮮の被害も相当だったと思う」と発表したが、人々がインターネットの衛星写真を確認した結果、延坪島には酷い砲撃の痕跡が残っていた反面、北朝鮮の方には何の痕跡もなかった。

これについては、李明博政府は北朝鮮の攻撃に対し何をすればいいかをまったく把握していなかったからおたおたしていただけで、自分の任期内に戦争にまで発展することを恐れて、何もない空地に砲撃をした後、「韓国も反撃した」と発表したのだ、と推測された。

そして、李明博は「戦争にまでならないように注意せよ」と指示したという主張もある。これが事実なら、敵から攻撃されたのに大統領が反撃できないようにしたということである。

もちろん、李明博政府と側近たちは、そんな疑惑は事実ではないと主張している。李明博は、「自分は空軍に戦闘機で北朝鮮を攻撃することを指示したが、国防部がそれは困ると言った」と発言している。国防部は、「それほどの攻撃をするならばアメリカと相談しなければならない」と言ったという。

砲撃された延坪島と、それを見守る人々

本当に何が起こったのかは今も謎だ。そして、なぜ砲撃前の報告を無視したのかの説明もない。

何が真実だったとしても、李明博政府が無能であることは否定できない。

ちなみに延坪島が攻撃された後、ハンナラ党の人々は喜んだという。

自国が攻撃されたのになぜ保守の政治家たちが喜ぶのかと奇妙に思えるだろうが、それは2012年の国会議員選挙と大統領選挙で自分たちが有利になるからである。北朝鮮の攻撃があると、左派への支持は下がり、右派への支持が高くなるからだ。

このような言動が知られると、人々の保守への幻滅もより深くなった。

世論操作と監視

李明博政府時代には、日本のように右派が長く権力を維持するための研究が多く行われた。そのためにはマスコミを右派寄りにする必要があったが、そのために政府が思いついたのが、新聞社がテレビ放送局を運営できるようにすることだった。

以前は新聞と放送を同時に運営することはできなかった。

韓国には多くのテレビ局があるが、特定の分野に特化したチャンネル（ケーブルテレビやIPTV）ではなく、ニュース、ドラマ、芸能などの多くのジャンルを放送するチャンネルはKBS1、KBS2、MBC、SBSという4つの地上波放送だけだ。

新聞社の中でもっとも大きな4つの会社はすべて保守寄りだから、新聞社に放送局を設立させれば右派を支持するテレビチャンネルが一気に2倍になる。

そこで与党は「メディア法」という法律を成立させて、「総合編成チャンネル」（一般的には「総を与えた。


編」と呼ぶ）という名で朝鮮日報、中央日報、東亜日報の３つの保守新聞社にテレビ放送への権利
こうして総編は２０１１年12月1日から放送を開始した。

思惑通り、保守派に一方的に有利な放送になったのは当然だ。総編は毎日右派のコラムニストを招待して進歩派を非難する番組を放送した。

「総合編成チャンネル」という名称からはさまざまなジャンルの番組を連想するが、実際に放送されたのは、政治関連の時事番組だけだった。低コストで作れるし、２０１２年の大統領選挙のためにできるだけ保守を支持する内容を放送する必要があったからだ。

もちろん総編は批判されたが、結局２０１２年の大統領選挙で保守が勝利するために大きな貢献をした。


総編の放送と関連して気になるのが、李明博政府による検閲行為だ。

李明博は選挙時の圧倒的な得票率とはうって変わって、任期中は人気がなかった。それは民主主義政府とは言えないほど検閲や世論操作にきわめて熱心だったからだ。

李明博政府は、有名人の中で左派と思われる人のリストを作成し、その人々の活動も監視していた。教授の講演がいきなりキャンセルされたり、芸能人のテレビ出演が禁止される場合もあった。

進歩派と分類された有名人の活動を政府があらかじめ把握して措置したからだ。インターネット上に政府の経済政策を批判する文章を書いた人を調査して連行するという事件まで起こった。

人々は驚愕した。せっかく国が民主化されたのに、まるで軍政時代に戻ったような状況だ。若い人々の李明博政府への幻滅が深くなっていったのは当然だった。

国家情報院という、本来は安全保障に関わる業務をするはずの機関も、右派の権力を維持するための機関に転落していた。スタッフを動員して、インターネット上で進歩派を非難するコメントを大量に書いていた。

だから、2011年に金正日(キムジョンイル)が死亡した時にも、国家情報院はそれを知らなかった。知ったのは日本のマスコミが報道してからだ。1兆ウォン(約1000億円)以上の予算を使う国家情報院が、北朝鮮に関する情報活動をまったくしないまま、ただ権力を維持するために莫大な額の税金を使っていたのだ。

これらもすべて、次回の大統領選挙で左派が勝利することを何としても阻止するためだった。

李明博は任期末に支持率が低くなると、いきなり竹島を訪問して「天皇が謝るべき」という発言をした。

これは反日の有権者へのアピールになり支持率は少し上がったというが、「軽率な言動だ」という批判も多かった。実際、彼のこの行動のせいで日本の嫌韓感情は高くなり、韓流ブームは終わってしまった。これは韓国の文化産業にとって大きな打撃だった。その上、日本国内の親韓派を完全に黙らせ、嫌韓派の勢力を強めるきっかけにもなった。

李明博の行動から分かるのは、こけおどしの手法を政治に利用するリーダーは国家にとって害になるということだ。

逮捕と裁判の始まり

２０１２年に、李明博の兄であり国会議員だった李相得（イサンドゥク）が、７億６０００万ウォンの政治資金をソロモン貯蓄銀行や未来貯蓄銀行などからもらった嫌疑で拘束される事件があった。

この件は李明博の恥には間違いないが、李明博本人が知らないうちに発生した事件だから彼の責任とは言えない。

次の大統領も同じ右派の朴槿恵だったため、彼は比較的穏やかに退任後を過ごすように見えた。

だが、その後左派の文在寅（ムンジェイン）が大統領になると、李明博の任期中に行われた違法な政治操作への捜査が始まり、さまざまな証拠が発見された。はなはだしくは、国防部が右派政府のための世論操作に積極的に加担した証拠が出てきたほどである。

初公判にのぞむ李明博

結局、やはり彼も任期中に行った不正のため、2018年3月23日に逮捕され、翌月に起訴された。

罪状は収賄、背任、横領、職権乱用などだ。容疑の中には、自分が所有する会社に必要なお金を大統領の権力を利用してサムスンに出させたというものもあるから、裁判はそう簡単に済まないだろう。

しかも文在寅は李明博のことを「盧武鉉を殺した仇敵」と思っているから、文在寅の任期中は徹底した調査が行われるだろう。

李明博は呼吸器に問題があり健康状態が良くないというから、この先の日々はかなり苦いものになると予想される。

9章

任期中に弾劾・罷免された

朴槿恵（パククネ）

(1952-)

大韓民国第18代大統領
(在任期間：2013〜2016)
任期中に収賄、職権乱用、機密流出等の
罪で弾劾・罷免され、
現在も裁判のさなかにある

特別な人間

朴槿恵の父親である朴正煕は、2章で書いたようにクーデターによって暗殺された。彼女が27歳の時である。母の陸英修（ユクヨンス）も、それより5年前に暗殺されている。

その後、朴槿恵は長い時間これといった仕事をせず、ニートのような形で生きていた。

ニートといっても、公的には「正修（チョンス）奨学会」と「育英財団」という財団の理事長と、「嶺南（ヨンナム）大学校」の理事長という履歴がある。

正修奨学会は、もとは企業家たちが出資して設立した、貧しい学生を支援するための財団だが、その後朴正煕が権力を利用して強奪した。

育英財団は、もとは陸英修が子供たちへの福祉事業のために設立した財団だが、のちに朴槿恵たちの利益のための道具として利用された。

そして嶺南大学校は、もとは企業家が社会貢献のために設立した私立大学だったが、これも朴正煕が強奪し、のちに朴槿恵と彼女の側近たちが理事会を掌握した。

朴槿恵は理事長として在職した7年間のうち、たった1日出勤しただけで、巨額の給料を受け取ったという。行った仕事といえば、理事会を掌握するために定款を勝手に修正するとか、後述する崔（チェ）一族など自分の関係者を理事会で雇うとかだけだったという。大学の財産はほとんどすべて横領され、崔一族の現在の莫大な財産をつくるためのシードマネーになった。

朴槿恵は大統領になった後もまともに出勤せず、宿でテレビを観ながら遊んでいたというが、それはこのような経歴で培われた緩い道徳観念のせいではないかと考えられる。

あるいは、もしかしたら彼女は「私は特別な人だから何をしても良い」と思っていたのかもしれない。

政治家への転身

2012年の大統領選において、朴槿恵は保守派のセヌリ党の候補として出馬し、民主党の安(アン)哲秀(チョルス)候補に勝利して大統領になった。

保守派は大フィーバーだった。彼女こそ韓国を導く資格のある唯一のリーダーだと考えていた。なぜなら彼女は、保守派にとってプリンセスのような存在だからだ。

朴槿恵は大統領の娘として育ち、フランスに留学していた。だがその留学中に母親が暗殺されてしまった。

帰国してからは、ファーストレディ代理として父親の仕事を補佐することもあった。しかし今度は父親まで暗殺されてしまう。しかも犯人は父の側近の一人で、彼女がよく知る人物でもあった。

その他の父親の元側近も、実力者の父が死亡したとたん挨拶もしてくれなくなってしまったという。

こうして見ると、彼女は悲劇の主人公と捉えることもできるし、同情する人も多かっただろう。他の政治家とは一線を画した存在だったと言える。

１９９８年、彼女は46歳で初めて国会議員となり、２００４年にはハンナラ党の党首になる。２００７年に初の大統領選に臨んで李明博に敗れたものの、当時大問題になっていた巨額政治資金スキャンダル（１８０ページ参照）によって地に落ちていた党の崩壊をかろうじて防いだ。そして２０１２年の再度の挑戦で、かつて父親も務めていた大統領職にまで上り詰めたのである。

ストーリーとしてはよくできている。ただ、これらの感動的なストーリーと、政治家としての資質はまったく別の話だったことは、今となっては明白だ。

朴槿恵は２０１８年４月、ソウル中央地裁より罰金約１８０億ウォン（約18億円）、24年間の実刑を言い渡され、本書執筆中も控訴審のさなかにある。

何が起こっていたのか？

２０１６年12月９月、朴槿恵大統領は罷免され、翌年の３月に逮捕された。

その罪状は収賄、職権乱用、機密流出など多岐にわたっていて、しかも他の人物が密接に関わっているため、全容を把握するのは難しい。

他の人物とは、朴槿恵罷免の大きな原因であり、国全体を混乱に陥れた崔順実（チェスンシル）である。

崔順実は、端的に言うと実業家であり、宗教家であり、朴槿恵の親友である。

２人は朴槿恵の母の暗殺から数年後に知り合ったようだ。

母を亡くした朴槿恵は、宗教家である崔太敏（チェテミン）が送った慰めの手紙を読み、その後親しくしていた。

崔順実はその娘で、育英財団を通じて知り合い、急速に親しくなっていく。

当時の朴槿恵は、実力者だった両親をなくし、心の支えが必要な孤独な女性だった。そんな時に心の隙間に入り込んだのが、崔親子だったのだ。

憲法裁判所に連行される崔順実

では朴槿恵と崔順実はどんな過ちを犯したのか？

それを理解するためには、朴槿恵大統領の罷免を決定した憲法裁判所の宣告文を読んでみるといい。原文は長いので、重要な部分だけを抜粋した。読みやすくするために文章の一部は省略したが、内容はそのままである。

「これから、被請求人（朴槿恵）の崔順実に対する国定介入の許容と権限乱用について調査します。

被請求人に報告される書類の大部分は、付属秘書官チョン・ホソンが伝達しました。そしてチョン・ホソンは、２０１３年1月から２０１６年4月までいろいろな人事資料、国務会議資料、大統領の海外歴訪のスケジュール、アメリカ合衆国国務長官との接見資料など、公務上の秘密が入った書類を崔順実に伝達しました。

崔順実はそれを見て、意見したり内容を修正したり、大統領のスケジュールを調節するなどの職務活動に関与しました」

チョン・ホソンは朴槿恵大統領の付属秘書官だったが、朴槿恵はさまざまなことについて常に「崔先生に確認したか」「早く確認してもらって」と、崔順実に最終決定をさせていたという。

そして崔順実は、大統領府の報告書を検討して「これは入れろ」「これは削除しろ」などと命令した。大統領の海外歴訪の前に「海外歴訪は国務会議の後にした方が良さそう」などと、国務会議の日を意のままに変更したりもしていた。

「また、崔順実は公職の候補者を推薦しました。そしてその一部は崔順実の利権の追求を手伝いました。

被請求人は崔順実から「ケイディコーポレーション」という自動車部品会社の大企業への納品を頼まれ、現代(ヒョンデ)自動車グループにその会社との取引を依頼しました。

被請求人は安鐘範(アンジョンボム)（経済学者出身の付属秘書官）に、文化と体育関連の財団法人の設立を指示し、大企業に486億ウォン（約48億円）を出資させて財団法人「ミール」を、288億ウォン（約28億円）を出資させて「財団法人Ｋスポーツ」を設立させました。

この2つの財団法人の職員の任命、事業の展開、資金の執行、仕事の指示など、経営についての意思決定は被請求人と崔順実が行いました。財団法人に出資した企業は経営にまったく関与することができませんでした」

崔順実は体育分野に強い関心を持ち、それに関連する財団法人を大企業からお金を奪う手段として活用したことが分かる。

これは、自分の娘の特恵(ユラ)が乗馬関連のキャリアを選択していたためと思われる。

朴槿恵政府では崔順実の利益に逆らう人物は生き残ることができなかった。乗馬大会において、崔順実の娘が不正によって代表選手になると、2人の公務員がそれに関する調査をした。それを知った朴槿恵は、その公務員の名前を口にし、「彼は悪い人」と言った。その一言で、文化体育観光部の体育局長と体育政策課長は左遷された。

その後、とある報告書でその体育局長の名前を発見した朴槿恵はこう言ったという。

「彼は、まだいるのですか?」

この一言で彼はクビになった。

反面、崔順実の娘に便宜をはかった人は簡単に出世できた。2014年4月、崔順実の娘についての論争があった時、娘を積極的に弁護した人は女性家族部の長官になった。

宣告文には、崔順実が自分の会社を活用して財団のお金を横領したこと、そして大統領の大企業への影響力を利用してお金を横取りしたことが書かれている。

「崔順実は「ミール」が設立される直前、広告会社「プレイグラウンド」を設立しました。崔順実は自分が推薦した役員を通じてミールを掌握し、自分の会社プレイグラウンドと下請けの契約を結んで利益を得ました。

そして、崔順実の要請により、被請求人は安鐘範を通じて「KT」(韓国最大の通信会社)に特定の2人を採用させ、広告関連の仕事を担当させるように要求しました。その後、プレイグラウンドはKTの広告会社として選定され、KTから68億ウォン（約6億8000万円）の広告を受注しました。

そして安鐘範は被請求人の指示で現代自動車グループにプレイグラウンドの紹介資料を伝達し、現代自動車と起亜自動車（現代自動車グループの子会社）は新しい広告会社のプレイグラウンドに9億（約9000万円）ウォンにのぼる広告を発注しました」

宣告文には他にも、崔順実が自分の法人を使って大企業のお金を奪い取った経緯が何件も書かれている。その中にはロッテやサムスンなど、日本でも有名な企業の名前もある。

ロッテグループの会長は朴槿恵と面会した際に、「河南市（ソウルの南東の都市）に体育施設を建てるので資金を出すように」と要請され、70億ウォンを送金した。

サムスンの場合は少し複雑だ。

サムスンのオーナーは李一族で、高齢の李健熙が病で植物人間になった後、長男の李在鎔がサムスングループを承継することになった

しかし、そのためには問題があった。グループの系列会社には第一毛織、三星物産など複数の会社があるが、グループの中でもっとも重要な会社、サムスン電子の持ち株が一定以上でなければグループを掌握できない。だが李在鎔が持つサムスン電子の株式は0・6%にすぎなかった。

そこで李在鎔は、自分が大量の株を持っている第一毛織や三星物産などの関連企業を合併させ、「李在鎔→三星物産→サムスン電子」という支配構造を作って、サムスン電子を支配しようとしたのだ。

この合併は、企業価値をまったく考えない、とんでもないものだった。三星物産の総資本は第一毛織の2・5倍、三星物産の営業利益は第一毛織の約3倍で、実際の企業価値は圧倒的に三星物産が大きいのだが、合併に際して、三星物産の株式の価値は3分の1しか認められなかったのだ。

しかし無茶な合併は実行された。三星物産などの大株主だった国民年金管理公団が、合併に賛成したからだ。結果、国民年金管理公団は損害をこうむった。

国民年金管理公団の損害は全国民の損害でもある。なぜ国家機関が、国民が損をするのが分かっている合併に賛成したのだろうか。

サムスンは、合併の前に崔順実の娘の乗馬に巨額の支援をした。そしてその直後、三星物産と第一毛織の合併を政府がサポートし、李在鎔は莫大な利益を上げ、サムスングループを承継することができた。

これらの経緯を見れば、何が起こったのかは見当がつくだろう。

「このような被請求人の行為は、崔順実の利益のために大統領の地位と権限を濫用したもので、

任期中に弾劾・罷免された
9章　朴槿恵

朴槿恵の弾劾訴追案を審理する憲法裁判所

公正な職務の遂行とは言えず、憲法、国家公務員法、公職者倫理法などにも違反したものです。

大統領は憲法と法律に従い権限を行使しなければならないのはもちろん、公務の遂行を透明に公開して国民の評価を受けなければなりません。ですが、被請求人は崔順実が国政に介入した事実を徹底して隠し、疑惑を提起されるたびにそれを否定し、逆に疑惑の提起を非難しました。そのために、国会などの憲法機関による牽制や言論による監視装置が機能しませんでした。

被請求人の一連の言動を見ると、憲法遵守の意思が見えません。被請求人の違憲・違法行為は国民の信任に背信したもので、憲法の遵守の観点から許されない重大な違法行為だと見なさなければなりません。したがって、裁判官全員の一致した意見で宣告します。

被請求人、大統領朴槿恵を罷免します」

朴槿恵の行為がどれほど民主主義の基本である代議民主制を毀損していたのかがうかがえるだろう。

すべての国家政策は友人のために

もし朴槿恵政府が崔順実の国政関与にもかかわらず、経済や外交などで良い成果を出していたとしたら、弾劾はされても今ほどに嫌われなかったかもしれない。しかし、それもなかった。

まず経済政策を見ると、朴槿恵政府のもっとも核心的な2つの政策は「チョイノミクス」と「創造経済」である。

朴槿恵政府の経済部総理は崔炅煥（チェギョンファン）という人物で、朴槿恵の忠実な家臣だった。朴槿恵政府の不動産政策は彼の姓をとって「チョイノミクス」と呼ばれた。

「チョイノミクス」がどのようなものかを見ると、銀行の貸出を容易にして、不動産の価格を上げるというものだった。そうすれば国民の財産が増加し、それが消費を増加させ、最終的には国内の内需が活発になるという論理だった。

経済を少しでも知っている人ならば、朴槿恵政府が正気なのか疑問視するはずだ。

国家の負債を増やして市場にお金を大量に流通させるという方法は、経済があまり良くない時にはどの国も使う方法だ。だが、一般国民の負債が増加することと、国家の負債が増加するのはまったく異なる問題だ。国家と違って、経済の状況が少しでも悪くなれば、普通の人は負債を返済することが難しくなる。このような政策は、バブル崩壊で国家経済が一瞬で没落するほど危険なものなのだ。

ではなぜ朴槿恵政府はこのような政策を実行したのか。

朴槿恵政府の長官たちはみんな崔順実のあやつり人形にすぎなかったし、朴槿恵が経済・外交・国防などの決定について常に直接会話をしていたのは崔順実ただ一人だった。

崔順実のパソコンの中からは「家計負債」というファイルが発見されたことがある。愚かな経済政策が誰によって作られたものだったかは、読者の想像に任せる。

また、朴槿恵の任期には経済成長率がほぼ0％だったにもかかわらず、不動産価格はかなり上昇した。そして崔順実はソウルの中心部に不動産を多く所有していた。

朴槿恵政府は、国家にとってもっとも重要な経済政策さえ崔順実の利益のために作っていたのだ。

最初からチョイノミクスにはいろいろ怪しい点があった。経済政策に国家元首の名前ではなく経済部総理の名前が付けられているのも前例がないことだから、多くの人はおかしいと思った。おそらくその理由は、経済政策が失敗しても朴槿恵が責任を負わないためだと推測される。

この推測に説得力がある理由は「創造経済」についても以前の政府とは違って、成長率などの具体的な数値を目標として提示していなかったからである。

具体的な目標値があると、その目標を達成しなければ失敗となる。だが「創造と革新を通じて新しい市場を創出」などと抽象的な概念を提示すれば政策の成否を判断することができない。何よりも、このように抽象的な概念だけの政策に莫大な国家予算を使えば、横領も容易くなる。朴槿恵と崔順実がしたことは、ずばりこのようなことである。

朴槿恵政府は「創造経済」をサポートするために莫大な予算を使う一方、崔順実は自分の側近に会社を創立させて、その予算を横領した。

朴槿恵政府には他にも「国家ブランド」「文化興隆」などの、数百億円規模の莫大な予算が投下された事業があるが、これらもすべて崔順実の作品だ。

パターンはすべて同じだ。

1・政府が主導する事業を作り出す（事業には具体的な目標がなく、「文化を興隆する、創造力で経済を生かす」などの、もっともらしい抽象的なスローガンがあるだけ）
2・それに関連する財団や会社を崔順実が設立する
3・朴槿恵が大企業の会長たちと会って国家事業に出資させる。出資金は丸ごと崔順実の財団と会社に流れる

このように、朴槿恵政府のすべての政策は崔順実の利益のために作られたか、それとも崔順実の

影響で作られたものである。

朴槿恵は大統領としてとんでもない不正を平気で犯した。そして崔順実が大統領の権力を振るうことを放置したり、それを手伝うことまでしたのだ。

朴槿恵に対する弾劾デモ

なぜそこまで脇が甘かったのか

朴槿恵と崔順実は、このような過程であまりに多くの証拠と証人を残した。

2人は連絡をとる時には自分の名義ではないスマートフォンを使った。これは「借名フォン」と呼ばれる違法行為で、韓国で借名フォンを使うのは犯罪者しかいない。この点を見れば、自分たちがしていることが違法行為であることを自覚していたことは確実だが、なぜかメモやファイルや録音資料など、多くの証拠を残していたのだ。

当然、それらは調査されることになったが、残された証拠があまりに大量だったため、異例の問題が生まれた。

捜査に必要な人力と時間には限界があり、犯罪行為はあまりに多い。明確な証拠がある嫌疑でも、より優先順位が高い他の嫌疑を捜査するために調査が遅くなったり、無視されてしまう場合が出てきた。証拠が足りないから難しいのではなく、むしろその逆の状態になってしまったのだ。

そのくせ、数多くの犯罪の一部がマスコミに報道され問題になると、朴槿恵は証拠隠滅のために奔走した。

大統領府は2016年9月から翌年2月までの間に、シュレッダーを26台も購入した。それ以前の6ヵ月間は1台も購入しなかったにもかかわらずである。

時期は崔順実についての疑惑が提起され始めた頃と一致している。朴槿恵の支持者たちは「偶然だ」と主張しているが、普通の人が見れば、証拠をなくすための行為である。

モバイルのメッセージに残っている証拠や内部告発者が集めた証拠、大企業の会長たちの証言などは破壊することができないが、文書の形で残っている証拠は破壊できる。そうして大統領府は捜査を邪魔しつつ時間を稼ぎ、数多くの証拠を隠滅した。検事が崔順実と朴槿恵の関係を証明できなければ、朴槿恵が刑法で処罰されることだけは止められると考えたのだろう。

また、朴槿恵は弾劾のさなかにも、35億ウォン（約3億5000万円）を費消していた。

韓国の大統領は「特殊活動費」という費用を一定の範囲内で使える権利がある。何のために使ったのかを明らかにしなくてもいい費用だから、法的には問題にならないし、朴槿恵に「何に使いましたか?」と訊くこともできない。だから用途は不明だが、証人の買収に使われた可能性はあるだろう。

それにしても、事が発覚した後にそれほどあわてるのなら、なぜ不用心に数多くの証拠を残していたのか。朴槿恵と崔順実は、自分たちの行為が後に問題になるかもしれないことを、まったく予測していなかったのだろうか?

このことを理解するためには、朴槿恵の就任当時の雰囲気と、韓国政治の構図を見てみると良い。

右派なら死体でも当選する

朴槿恵の前の大統領は保守派の李明博、その前は進歩派の盧武鉉、そしてさらにその前も進歩派の金大中だった。韓国では大統領の任期が5年なので、金大中と盧武鉉の時代は10年になる。この10年は、韓国にとって異例の10年だったと言える。大統領になった進歩派の政治家は、金大中と盧武鉉、そして現在の大統領の文在寅（ムンジェイン）のみだからだ。

韓国は、きわめて保守の強い国である。何か特別なことがない限り、無条件で保守が勝つ。これは例外のない公式だ。そしてこのような公式が確実だと思われ始めたのは、朴槿恵の当選後からだった。

朴槿恵と崔順実が、犯罪だと自覚しながらも証拠の廃棄を徹底して行わなかったのは、「まさか次の選挙で左派が勝つわけがない」と慢心していたためだと思われる。

彼女がこう考えたのも当然かもしれない。なぜなら皆が同じように考えていたからだ。

韓国にはいくつかの政党があるが、小さな政党を除けば2つの大きな政党が主導しているので、アメリカのように両党制に近い。アメリカでは保守が「共和党」、進歩が「民主党」であるように、韓国では保守は「自由韓国党」、進歩は「民主党」である。

名称については注意する必要がある。アメリカと違って、韓国の党名は変化してきたからだ。民主党の公式名称は、昔から「新千年民主党」、「民主党」、「共に民主党」などと変化してきた。とはいえ「新千年」「共に」はただの修飾語だから、普通は「民主党」と呼ばれている。

だが保守は、「ハンナラ党」（一つの国党という意味）、「セヌリ党」（新世界党という意味）、「自由韓国党」のように、まったく異なる名前にしてきた。

何故なら、保守は企業から巨額の賄賂をもらうとか、大統領が友人の利益のために企業を脅迫するなどの深刻な犯罪を犯したため、政党のイメージを完璧に変える必要があったからだ。

にもかかわらず、韓国ではいつも保守が多くの票を獲得し、易々と政権の座についてきた。なぜかと言えば、保守と進歩双方の北朝鮮への態度と外交政策の差のせいである。

保守は基本的に北朝鮮を嫌う立場であり、外交面では親米傾向が強い。反面、進歩は北朝鮮との統一を目指していて、外交面では反米・親中国である。

こう説明すると、あなたはこう考えるだろう。

「北朝鮮と仲良くするなんて、アメリカは北朝鮮から韓国を守ってくれているのではないか。そして……親中国？　韓国の進歩はアメリカと関係を切って、中国の属国になりたいのか？」

実は普通の韓国人たちもこう考えている。だから進歩がいつも選挙で負けてきた。

保守がいくら大企業から巨額の賄賂をもらっても、国家の事業を個人の利益のために活用しても、政治を風刺するテレビ番組を「気持ち悪い」の一言で廃止しても、記者たちを賄賂で買収しても、民主化運動をする大学生を拷問して殺しても、大統領候補が巨額の贈与税を納付せず「私は特別な人だから大丈夫」という態度をとっていても、警察の監視カメラを野党の大統領候補を監視するために活用しても、投票で保守を選んできたのは、ひとえに北朝鮮への考え方によるのだ。

保守がいくら酷いやつらでも、北朝鮮が好きで米軍を撤収させようとする輩よりはましではないか。だから、金大中から10年間の進歩が政権を握ったのは例外的な時期で、人で例えれば思春期などの、一種の逸脱の時期だったと思っていい。その後、李明博と朴槿恵の当選で、元の状態――保守の支配――に戻ったのである。

李明博の後に朴槿恵が当選して支持率が50％以上になると、「このぶんだと韓国も、日本のように永久に一つの党が支配する国になるだろう」という推測が大勢となった。

実際、自由韓国党（当時はセヌリ党）が目指していたのは、日本の自民党のように長く政権を握り続けることで、それも不可能なことではなかった。崔順実ゲートの前のセヌリ党の支持率は常に40％を超えていた反面、第2党の民主党の支持率は20％にも満たない悲惨な状態だったからだ。それほど民主党は人気がなく、無気力で、希望がまったくない政党と思われていた。

地方選挙では保守だという理由一つで、死者が当選したこともある。

その選挙はセヌリ党の候補と民主党の候補の対決だったが、セヌリ党の候補は候補登録の前から失踪して姿を見せなかった。仕方なく妻が代わりに候補者登録をしたが、彼は戻らず、選挙活動はまったくできなかった。にもかかわらず彼はセヌリ党の候補ということで当選した。

後に彼は死体となって発見された。死亡の原因は自殺だった。

この事件を人々は「保守なら死体でも当選できる」と言い、保守が圧倒的な韓国の政治状況をよく表す事件となっている。

保守でさえあれば、何をしても罪が表沙汰にはならないと思ったから、「サムスンのお金はもらっても大丈夫」「国のお金で子々孫々豊かに暮らせる」「私は恐ろしい人だ。逆らえばお前は死ぬ」などと言うことができたのだ。

朴槿恵の周囲の不審な死

強い保守を支持する人々は、指導者の道徳性が低いことに寛大な傾向がある。経済活性化のためには、何をしても許されるのだ。その「何をしても」の中には、ともすれば殺人が含まれることさえある。

朴槿恵の周囲には不審な死を遂げた人物がいる。

朴槿恵には妹と弟がいるが、彼らは育英財団を掌握するためにかなり凶暴な方法を使ったようで、関係者が行方不明になったり死体で発見されるような事件もあった。

その中でも悪名高いのが「朴槿恵5親等殺人事件」である。

2011年9月6日、別件の請負殺人について重要な証言をする予定だった朴ヨンチョルという証人と、その関係者朴ヨンスが死体になって発見された。2人とも朴槿恵の5親等の親戚だ。

朴ヨンチョルは顔などを刺された状態で、朴ヨンスは首をくくった死体として発見されたが、朴ヨンスの死体には猛烈に抵抗した痕跡が残っており、遺書の筆跡が本人のものと一致しないなど、自殺に偽装しようとした他殺にしか見えなかった。

だが、警察は一方がもう一方を殺した後自殺した事件だと結論して素早く捜査を終えた。

事件を調査した記者たちは、警察は朴槿恵が大統領になるのに邪魔にならないように、その事件をわざと隠蔽したと考えている。

万が一殺人の背後に朴槿恵や彼女の側近がいるという調査が出れば、それを調査した警察はクビになったり、他の証人たちのように死体で発見されるかもしれない。

韓国の一般的な人にとって、警察は有能で公正な組織だ。だが、いくら警察が有能だとしても国家権力の最上部に逆らう捜査をすることはできない。腐敗した右派に支配される警察組織は、腐敗した権力者のために何でもする組織に転落してしまう。

2015年には、朴槿恵の大統領当選のために違法な仕事をしていた国家情報院の職員が車の中で死体で発見された。これは韓国では有名な話だ。

彼は「国家情報院は選挙に介入したことはありません」という主旨の遺書を残していた。

警察はそれを自殺と判断したが、「朴槿恵5親等殺人事件」のように、多くの怪しい点があった。平凡な40代の公務員が土曜日の午前5時にいきなり出勤したこと、夫が出勤して5時間しか経っていない午前10時に、彼の妻が「夫が行方不明だ」と警察に申告したこと、外出して5時間が経ったという理由で警察が行方不明と判断して捜索を始めたこと、また捜索を始めてわずか1時間30分で彼の死体を発見したのも怪しい。

そして「彼が書いた」という遺書の内容も奇妙だった。短い遺書には妻や子供への言葉は一言もなく、この事件が国家情報院のイメージを悪くすることを心配する記述しかなかった。そして国家情報院のイメージを悪化させるようなデータは自分が全部削除したと書いてあった。

このような事件を見れば、韓国で生活をしたことのない人は、「韓国はやっぱり治安が悪い。そんなに殺人が多発する国なのか」と思うかもしれない。

実際はそうではない。韓国社会に良くない面が多いのは事実だが、治安面ではそうではない。普通の人は暴力を目撃する機会は一生ない。子供や女性が夜に外に出ても平気だ。ヤクザのような大きな暴力団も存在しない。軍政時代に暴力団が根絶されたせいだ。

もちろん凶暴犯罪が起こると「注意しなければ」と考えたりするが、日常で感じる普通の韓国社会を凶暴な犯罪社会と呼ぶのはふさわしくない。だからこそ、朴槿恵にとって邪魔になった人々が殺されるのを見るのは、韓国人にとっても衝撃的なのである。

朴槿恵に仕える人々

彼女の周りには「親朴」と呼ばれる政治家たちがいたが、彼らはまるで昔の中国の宦官のように彼女に仕えることで悪名高かった。

彼らは朴槿恵が面白くない冗談を言っても大笑いし、ハンバーガーを食べようとするとフォークとナイフを持って捧げ（彼女はフォークとナイフなしではハンバーガーを食べられないという）、彼女を諷刺するテレビ番組があれば放送局を脅迫してそれを止め、雨が降り始めると彼女が雨に濡れる前に傘を差して忠誠心を証明する。

朴槿恵は大学で講演をした時に、次のようなギャグを披露したことがある。

「人食い族が人の足を食べたら、とてもまずかったです。なぜかわかりますか？　それは義足でした」

「豚を簡単に焼ける方法が何か知っていますか？　鼻にプラグを差し込めばいいのです」

同行した親朴議員たちは大笑いしたが、大学生たちは一人も笑わなかったという。

このようなユーモアのセンスについて、前大統領の李明博はこう言った。

「彼女は幼い頃に親を失ってしまい、ユーモアのセンスがないのだ」

彼女のユーモアは１９７０年代のもので、今や誰も面白いと思わない。問題は彼女のユーモアのセンスだけではなく、経済政策や民主主義に対する考えや、権力に対する考えも１９７０年代のままだということだ。

民主化運動の業績を否定する態度や、自分の親を美化するために歴史教科書を国定教科書で統一しようとしたことなどは、彼女の思考回路が現代のものではないことを分かりやすく示してくれる。

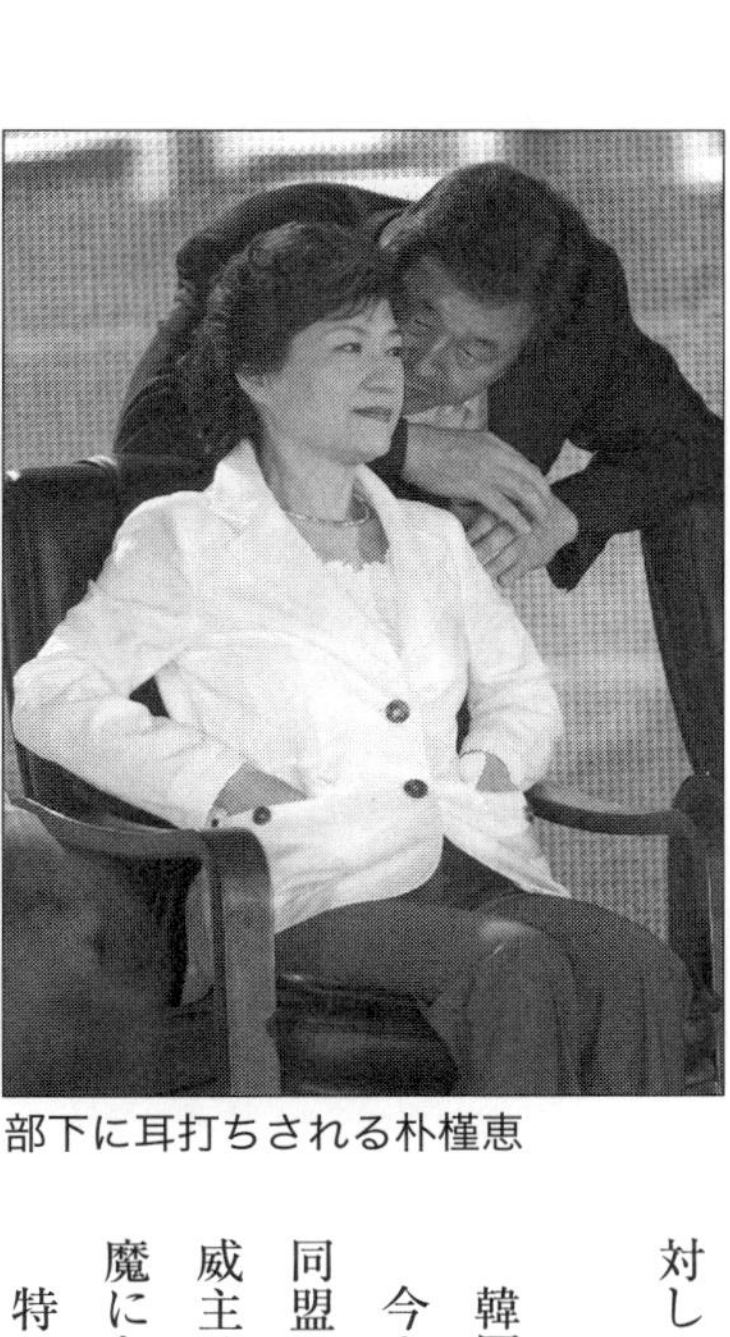
部下に耳打ちされる朴槿恵

そしてこのような面が、若い世代が保守に対して反感を持っている根本的な理由である。

韓国の右派に対しては2つの見解がある。今までの経済開発の主役で、アメリカとの同盟や安定を重視する勢力という考えと、権威主義と腐敗にまみれたこれ以上の発展の邪魔になる古い時代の勢力という考えである。

特に若い人々は後者の考えを持つ人が多い。

保守系の国会議員や長官は、朴槿恵が何かを話すと一斉に手帳を持って彼女の「お言葉」を書いたりするが、それはまるで北朝鮮の金正恩（キムジョンウン）の忠実な部下たちが手帳を持って彼の「お言葉」を熱心に書きとっているのと同じだ。

国会議員の目的は選挙で当選して政治活動を続けることである。しかし彼らは自分が「親朴」だと宣伝するだけで簡単に当選できた。

親朴たちは国会議員選挙をする時にはいつも朴槿恵の大きな写真や、彼女と撮った写真を利用した。政治性向が右派の人、特に極右に近い人々は、朴槿恵が何をしても彼女を無条件に信頼する傾向があるから、保守が圧倒的に強い地域で朴槿恵の写真を持つ人が出馬すれば、その人の当選は決定するのだ。

右派が人気を失った理由

そんな雰囲気がすべて変わったのは、崔順実の所業が暴露されてからだった。

それまでにも保守が不正を犯したというニュースはしばしば報道されていたが、崔順実のように、大統領の友人が国家のシステムをめちゃくちゃに壊したというのは前例のないことだった。

大統領の友人一人のために経済・文化・外交政策が利用されたことも前代未聞だったが、かつて

任期中に弾劾・罷免された

9章　朴槿恵

韓国の経済発展の主役だった朴正熙の娘がそこまで愚かだったのも衝撃だった。国家のリーダーにふさわしい知性や判断力がまったくない彼女は、すべての意思決定を崔順実に任せて、彼女が言う通りに従っていたのだ。

自由韓国党の対処も情けなかった。朴槿恵の有罪が確定した後も「朴槿恵は無罪だ」「証拠もないのに弾劾するのか」などと主張した。実際は前述したように膨大な証拠が残っていたのだが、2017年の大統領選挙に出馬した洪準杓(ホンジュンピョ)は「私が当選すれば、朴槿恵を赦免します」などと言っていた。

もしこのような人々がまた政権につけばどうなるだろう。未来の大統領が朴槿恵と同じような罪を犯しても大丈夫なのではないだろうか。万が一戦争が起こった絶体絶命の時、大統領が消えて7時間も行方不明になったとすれば、国はどうなる？（これは実際にセウォル号沈没事故の際に起きた）

これはもはや保守か進歩かという政治観の問題ではない。

保守の人々は次のように言った。

「朴槿恵と崔順実がしたことは酷いが、北朝鮮が好きな、反米主義者たちよりはマシではないか」

「賄賂は良くないが、反米主義者たちよりはマシではないか」
「脱税は良くないが、北朝鮮によって統一されるよりはマシではないか」
「インターネット上の文章の検閲は良くないが、米軍が撤収するよりはマシではないか」
——まるで、ジョージ・オーウェルの「動物農場」に登場する豚たちの論理だ。

保守を支持する人は「進歩が政権を握ると米軍は撤収してしまう」と主張する。だが、「それなら米軍は金大中や盧武鉉の任期中に撤収したはずでは?」と反問すると、反論できなくなる。むしろ金大中と盧武鉉の任期中には、アメリカとの関係は悪くなかった。

盧武鉉は反米主義者だという人もいたが、彼は任期中にアメリカに逆らう政策をしたことはない。アメリカとのＦＴＡ(自由貿易協定)締結も盧武鉉の仕事だったし、アメリカの要請でイラクへの派兵も行った。反米はイメージだけで、実際は彼は親米政策を行っていたのである。

経済面を見ても、金大中から盧武鉉までの10年間は本格的な経済回復期だったし、インターネット産業と映画・音楽産業などが急速に成長した時代だった。

自分たちの気に入らない映画や音楽を禁止してきた保守とは違って、進歩は表現の自由を尊重するから、文化産業が発達したのは当然かもしれない。映画や歌を好きに作っても監獄に行く危険がなければ、クリエイターたちは創造力を最大限に発揮することができる。

そして、保守が北朝鮮に対する政策や安全保障において進歩よりマシかといえばそうでもない。国防への保守の無能ぶりは、李明博の時に発生した延坪海戦の顛末を見れば明白だ。強制的に徴兵される軍人の劣悪な月給を改善したのも、保守ではなく進歩の政治家たちである。対して保守の大統領候補は、「いざという時には軍隊が北朝鮮に前進して統一します」などと、現代戦を全然理解していないことを言っている。

このような理由で、今の保守は、安全保障や国防を重視する有権者たちの信頼も得られていないのである。

結論として、「韓国も日本のように保守が永久に政権を握る国になる」という予測は的中しなかった。朴槿恵の時代には保守に批判的な芸能人は番組から姿を消し、すべての放送局とマスコミも右派に掌握されたが、それにもかかわらず保守の永久執権の試みは失敗してしまったのだ。

民主党の10％台の支持率を見て勝利を過信し、「何をしても選挙では我々が勝つ」と思ったのが韓国の保守の敗因である。

そしてこれが朴槿恵と崔順実が没落した原因でもある。

いくら保守派の人でも、彼女たちが犯した深刻な不正とその証言などを毎日聞いていれば、「朴槿恵は無罪だ」「証拠もないのに弾劾するのか」と主張しているだけの右派を支持することは難しくなる。「基本的な職業倫理も持っていない人間は絶対に大統領になってはいけない」と思うようになる。

朴槿恵は前代未聞の腐敗で右派を徹底して破壊した人物として、そして「右派＝腐敗」を不変の公式として全国民に印象づけた人物として、今は右派からも嫌われている。彼女を支持しているのは少数の極右だけだ。

これが２０１７年からの実態である。彼女が大統領になった２０１２年の大統領選挙の時とはまったく状況が違っている。

ナンバー2を育てなかった

もし朴槿恵が自分の次に大統領になれる政治家を一人でも育てていたとしたら、崔順実事件の後も保守が権力を維持できていたかもしれない。保守傾向が強い韓国だから、「私は朴槿恵とは違う」とアピールして当選することもできたかもしれない。

そして、もし保守派への支持がある程度維持できていたとしたら、弾劾された後も右派が権力を維持し、朴槿恵が受ける罰ははるかに軽くなっただろう。

だが朴槿恵は後継者を育てないこと、そしてナンバー２を育てないことで有名だった。まるで、保守政党では自分以外は誰もセレブリティになってはいけないと考えているように見えるほどだった。北朝鮮の金正恩がナンバー2を育てないように、彼女も自分を牽制することができる人物を育てたくなかったのかもしれない。

だが、この独裁者のような態度こそ、朴槿恵の末路をさらにみじめにした原因の一つである。中世の王制とは違い、現代の大統領制では大統領の任期はいつか終わるからである。

任期中に弾劾・罷免された

9章 朴槿恵

10章

南北和解に邁進する

文在寅（ムンジェイン）

(1953-)

大韓民国第19代大統領
（在任期間：2017～）
北朝鮮との和解を目指し、就任以来
２度の南北首脳会談を行う

特殊な状況下で行われた選挙

崔順実ゲートが起こり、朴槿恵が任期途中で辞任すると、セヌリ党からは朴槿恵を支持しない人々が離脱し、保守は分裂した。

セヌリ党の政治家は大きく「親朴」と「非朴」に分類できる。「非朴」は名前から分かるように朴槿恵に従わない人々である。非朴の中には李明博に従う人々も多くいるから、そんな人を「親李」と呼ぶ。

もとは朴槿恵に忠誠を誓っていたが、朴槿恵との関係が悪化し非朴になった人も多かった。彼らが立党したのが「正しい政党」だ。とはいえ、党を移るのはかなり大きな決断が必要だから、朴槿恵に従わない人が全員党を移ったわけではない。そのため、この政党はかなり小規模だった。

そして、セヌリ党は最悪になったイメージを少しでも変えようとして名前を「自由韓国党」と変えた。

このような状況で、朴槿恵にかわる大統領を決める2017年5月の選挙は行われた。

保守を支持する有権者は、難しい選択を迫られた。

「正しい政党」は規模が小さいし、メンバーを見ても、昔は朴槿恵を自分の当選のために利用し、

南北和解に邁進する

10章　文在寅

今度は裏切ったご都合主義者のように見える。かといって朴槿恵を崇拝する宗教団体のような自由韓国党にも投票はできない。

そのため、保守寄りの政治観を持つ多くの有権者は安哲秀（アンチョルス）への投票を考えた。安哲秀は金大中の章でも登場したＩＴ企業家である。２０１２年の大統領選挙では進歩派の勝利のために出馬を断念したが、その過程で民主党からの圧迫や妨害を受けたため、「国民の党」を立党して、今回の選挙に出馬していた。

文在寅は今回の大統領選挙でも候補を安哲秀と一本化したかったようだが、安哲秀は今回の選挙では最後まであきらめないつもりだった。

彼はみずから公言するように「安保は保守、経済は進歩」という考え方を持った人物である。経済的不平等がますます広がり、福祉への要求が大きくなっている中で、有権者は経済政策に限ってはほとんどの人が左派に近い考えを持っている。とはいえ、左派が望んでいる在韓米軍の撤収は、普通の人にとってとても恐しい発想である。だから、安哲秀の考え方は多くの人にアピールする。

こうして選挙の１ヵ月前には「多分文在寅が勝つと思うが、安哲秀かもしれない」という状況になった。文在寅の支持率は停滞した反面、安哲秀の支持率は恐ろしい勢いで上昇していた。

だが、いざ投票日になると、多くの保守の有権者が安哲秀から離脱し、自由韓国党に投票した。一方、進歩派の有権者は皆、文在寅に投票した。左派が分裂していなかったからだ。

結果は次の通りだった。

文在寅（民主党）　41・1％
安哲秀（国民の党）　21・4％
洪準杓（ホンジュンピョ）（自由韓国党）　24・0％

一般的に、進歩派を支持する人は全体の40％程度になる。保守傾向の人は50％くらいだ。そして残り約10％は状況により変わる。それをふまえると、この選挙では保守の票が安哲秀と洪準杓に分かれたことが分かる。

自由韓国党に投票した人々は、洪準杓が文在寅に勝って大統領になると予測したわけではなく、保守派が完全に滅びることだけは阻止しようとしたのかもしれない。

崔順実ゲートを絶対に許さないと思った人は安哲秀に投票したが、彼は保守派にアピールするには足りない面があった。

彼が立党した「国民の党」は、安哲秀以外のほぼ全員が民主党の金大中派閥だった。そして安哲秀と共同代表だった朴智元（パクチウォン）は、金大中政府の時に北朝鮮に不正送金をしたせいで投獄されたこともある人だった。北朝鮮にお金を送って核兵器の完成を手助けした集団を、保守が支持することができるだろうか？　とうてい不可能だ。

文在寅が得た41・1％は他の候補者たちに比べれば高いが、それほど高い得票率とは言えない。過去に比べると進歩派への支持率は高くなったが、保守派を上回るほどではない。

文在寅の支持率は崔順実ゲート事件が起こる前には常に10〜20％程度だった。この選挙は保守派の大統領が歴代大統領の中で最悪の不正を犯した後という、特殊な状況で行われたものだったため、このような結果になったのだと考えられる。

人柄は歴代大統領の中で一番

文在寅は道徳性の面では歴代大統領の中で一番と言える人物だ。

彼は盧武鉉政府時代に強い権力を持つ民情首席秘書官になったことがある。その時に何よりも先に実行したのが、家族に言動を注意するよう警告することだった。だから妻は文在寅が政府にいる間、百貨店に行くこともできなかったという。

また彼はできるだけ知人と会う約束をしなかったという。権力者はさまざまな誘惑と直面する機会があり、それが不正の原因になる。彼はそれらを避けたのだ。

彼が大統領候補だった2012年の話だ。記者のインタビューを受けている時に電話がかかってきた。彼は「うん、うん、わかった」と答えた後、電話を切った。記者が聞くと、「娘がバッテリーを買ってくるように頼んできたんだ」と言った。このように権威的ではないところや家族にも優しい性格は、有権者に好感を持たれる理由の一つだ。

ちなみにこの娘は、当初「盧武鉉おじさんの家族がどうなったか見たでしょう? 私はあまりに悲しく、恐ろしい!」と言って、父の大統領選出馬に反対していたという。

他にも、彼の過去の知人の証言を見ると、彼の人柄が良いことは事実だと思われる。

例えば、障がい者の友達の登校を手伝ったことで自分も遅刻したとか、昔の韓国軍は殴打が慣習だったところ、彼は部下を一度も殴らなかったから、その部隊ではその後も殴打がなくなったなどの逸話がある。彼の道徳性と温和な人柄は政敵さえも認めることでもある。

このような評判のおかげで、老いた政治家に魅力を感じていなかった若い女子たちにも彼はかなり人気があった。ハンサムな見た目も理由の一つで、インターネット上では彼が『ワンピース』のキャラクター、シルバーズ・レイリーに似ていることも話題になっていた。

側近の不正と数字操作疑惑

しかし、文在寅本人や家族が身を正していても、周囲の人すべてがそうであるとは限らない。

例えば、民主党の政治家で安熙正（アンヒジョン）という人物がいる。

彼は民主党の政治家として、大統領予備選で文在寅と堂々と対決した人物だ。進歩ながら保守にもアピールできる彼にはかなりの競争力があり、与党にも野党にも彼ほどの知名度のある候補はいない。このまま彼が次の大統領になる確率は90％以上だと思われていた。

だが最近、彼の秘書がニュースに出演して、「8ヵ月の間に4回レイプされた」と暴露した。

安熙正は合意の上だと主張した。世論は、秘書の主張をありのまま信じられない面もあるから、レイプではなく不倫だという意見が優勢だ。ただどちらが真実だったとしても、安熙正が次の大統領になるのはもう無理だ。彼の政治生命は終わってしまった。

また、金起式（キムギシク）は文在寅がもっとも信頼していた人物だったが、自分が監督すべき機関からお金を受け取って、若い秘書を連れてヨーロッパなどを観光していたことが報道で暴露された。

彼は、財閥中心の経済を改革するために文在寅が任命した人物だったが、野党やマスコミからの攻撃が激しくなると、彼を守ることができなかった。

支持率についても疑惑がささやかれるようになった。

彼の支持率は公式には80％を超えているが、電話による支持率調査で民主党を支持しないと答えると、電話が切られるという声が多数上がったのだ。ある人は、民主党員として登録した次の日から世論調査の電話が何回もかかってきたという。政府がどのような方法で世論調査機関を掌握しているかは不明だが、常識的に考えてみても文在寅の支持率はちょっと高すぎる。

加えて、文在寅の支持者が、与党に有利なコメントの「いいね！」ボタンをマクロで自動的に押すように細工をして数を操作していたという疑惑もある。

出版社に偽装したオフィスで数十人を雇って野党を非難したり、与党を褒めるコメントをつけたりしていたことや、そのような操作のためにアカウントを１０００以上買ったことが捜査によって分かった。この件は現在も捜査中だが、中心人物が民主党からお金を受け取っていたことは確かなようだ。

野党の政治家たちは憤慨して徹底した捜査を要請したが、左派政府が掌握した検察と警察はその事件をしっかり捜査しなかった。おかげで犯人たちはほとんどすべての証拠を破棄することに成功した。そうして証拠がなくなると、政府は野党の要請を受けて特別検事が事件を捜査することを許可した。

口では民主主義政府のふりをしているが、行動は過去の独裁政府と変わらないように見える。

検察の改革の行方

南北和解に邁進する

10章　文在寅

文在寅は、大統領になる前は検察の改革を目指していた。過去に何人もの韓国大統領が悲劇的な最後を迎えた理由は、大統領に無限の権力が与えられていたからだ。大統領になろうとするのは野心が強い人物である。その大統領に無限の権力が与えられ、誰も監視していないとなれば、不正が起こるのは当たり前だ。そしてその不正は退任した後に調査されるから、大統領が悲惨な最後を迎えてしまうのだ。

だが、権力を監視するシステムがあれば不正を犯す人は減る。アメリカなどの先進国と韓国との差は、国家権力を国民が統制できる制度の有無である。韓国には良い制度を作ることが切実に必要だ。

文在寅は就任当初、その一歩を踏み出したと見られていた。賄賂疑惑のある検察幹部も更迭した。しかしその努力は長くは続かなかった。

検察を弱体化させるために警察に権限を分散することはしたが、検察と警察を統制するのは、結局政府だった。政府が検察を使うか、警察を使うかが変わっただけで、政府は今まで通り、気に入らない人をいくらでも陥れることができる。

これでは、何も変わらない。改革が必要なのは大統領と政府の持つ無限の権力なのに、権力者の2匹の犬にすぎない検察と警察だけを改革したところで、何が変わるだろう。

文在寅政府も今までの政府と同じく、いったん権力を握るとその無限の力に魅入られて、権力の分散への努力をやめてしまったのだ。

文在寅は、盧武鉉を自殺に追い込んだのは李明博と朴槿恵だと考えている。かつて親しくしていた盧武鉉の復讐のためにも、絶対に手放したくないのだろう。

経済政策はすでに失敗している？

経済面でも文在寅政府は国民の期待を裏切っている。彼はとても難しい時期に大統領になった。

韓国の経済成長率は、大統領が右派か左派かに関係なく、政府ごとに1％ずつ下落してきた。金大中政府の平均経済成長率は5・3％、盧武鉉政府は4・5％、李明博政府は3・2％、朴槿恵政府になると2・9％にまで下落した。朴槿恵政府時代は借金をして不動産に投資することが容易だったために、不動産景気が良かったという要因があったから、それを除けば経済成長率ははるかに劣るという分析もある。

このような時代に船出した文在寅政府のもっとも重要な経済政策は、「所得中心の成長」だった。これは、人々の所得が高くなればそれが消費を喚起し、企業の売り上げも高くなる好循環を起こし、全体の景気が良くなるという理論だ。この理論を根拠に「最低賃金の上昇」を掲げた文在寅政府は、反対派の声をおしのけて、政府主導で最低賃金を短期間で急騰させた。

それから約1年がたち、結果が出つつある。

２０１７年には約６５００ウォンだった最低賃金は、約７５００ウォンまで上がった。ところが失業率は過去17年間で最悪の数値を記録してしまった。

失業率の他にも、出産率、輸出、物価上昇率などのほとんどすべての経済指数は、文在寅政府になってから急激に悪化した。また、所得が下位20％の階級に属する人々の所得が急激に下落する反面、所得が高い階級の所得は大幅に増加した。もともと大きかった格差がさらに広がってしまったのだ。

政策は失敗したと言わざるをえない。

実はこの結果は、実施前からある程度見えていた。

ＧＤＰも考慮せずに無条件に最低賃金を上げただけなのだから、企業が雇用を控えるのは当たり前だ。食堂などではすでに無人注文システムが普及し始めている。

個人の所得が増加すると消費も増加し、全体の経済も良くなるのではなく、生産性が向上し全体の経済が良くなって、その結果所得が増加するのが正常ではないか。「経済が良くなる→所得が増加する」は正しいが、「所得が増加する→経済が良くなる」は逆なのではないか。

しかし文在寅は「所得主導の成長」に執着していて、数年後に最低賃金を1時間1万ウォンにすると主張している。

この主張は左派政府が経済を理解していないことを示している。そもそも賃金を高めることと同時に雇用率を高めることは、経済が急成長している国家ではない以上、不可能なのだ。

当然、「左派政府の経済政策は本当に貧しい人のためのものなのか」という批判が出ているが、文在寅政府は「経済が悪化したのは前任の李明博・朴槿恵政府のせいだ」という言い訳をして人々を怒らせた。

さらに大統領と与党は、雇用率を高めるために税金を使って公務員の数を増やそうとしている。首脳部には成長率を犠牲にしても福祉を拡張しようとする左派の人々がいて、これも政策の一貫性を破る原因となっている。

経済成長が完全にストップして政府の財政も悪化すれば、福祉の費用は全額負債になってしまうのではないか。このような懸念があるため、「韓国は福祉のせいでベネズエラのようになる」「韓国もギリシャのようになるのか」という批判を受けている。

韓国の左派たちは、韓国経済の成功の公式となっている輸出中心の経済を好まない。〝輸出というもの自体がアメリカなどの資本主義国家に従属する原因だ〟と思っているからだ。

彼らはアメリカや日本よりも北朝鮮を信頼する。他国の干渉から逃れて同じ民族同士で自立することが左派の理想だが、そうするためには輸出に依存する経済から脱皮し、内需中心の経済に変える必要があるのだ。

だがこれは経済学の基本を無視した、社会主義者たちの妄想にすぎない。

次のような例を考えてみれば分かるだろう。

暑い夏の日、避暑地で2人の商人が出会った。

A氏「私が作ったレモンジュースを買ってください！　1杯200円です。美味しいですよ」

B氏「1杯ください……はあ、美味しいですね。実は私はビールを売っているのですが、1杯どうですか？　1杯200円です」

A氏「1杯ください。200円払います……ああ、暑い夏のビールは美味しいですね！」

B氏「もっとレモンジュースが欲しいです。もう1杯ください。200円返します」

A氏「私にもビールをもう1杯ください。200円返します」

こうしてA氏とB氏はお互いにジュースとビールを全部売ったが、残ったのはお互いに払い合った200円だけだった。

ずいぶん単純化したが、これが内需中心の成長だ。

これがアホらしい理由は、２人の間でお金は何度も移動したが、新しい富がまったく創出されていないからある。

経済が成長するためには、新しい富の創出が必要だ。石油などの資源のない国では輸出がその役割を担う。今までの韓国経済が輸出中心で発展したのはこのような理由による。

にもかかわらず、内需中心の成長や所得主導の成長などを掲げること自体が、文在寅政府が経済を理解していないという証拠である。

もっとも、輸出も危うい状況にある。

アメリカは韓国の左派が権力を握ることを好まない。ドナルド・トランプ大統領は韓国とのＦＴＡ（自由貿易協定）が不当だとして全面的な見直しを指示したが、これはアメリカの対北政策に協力的ではない左派政府に対する制裁だという説がある。

韓国の自動車はアメリカに自動車を輸出する時、ＦＴＡのおかげで２・５％の関税を支払わずに済むので、ヨーロッパや日本の車に比べて有利だ。アメリカはこのような韓国が利益を上げている分野を修正しようとしている。

もしＦＴＡが韓国に不利な方向に修正されれば、自動車産業などにとって大打撃になる。輸出という韓国経済を引っ張ってきた大切なエンジンは、文在寅政府によって弱ってしまうだろう。

南北和解の先に何がある？

ここまで左派の政策により経済が悪化していることを書いてきたが、実は文在寅政府は自国の経済には特に関心がない。文在寅政府が関心があるのは、北朝鮮との統一だけである。「統一さえすれば、人口も増えるし、国防費の支出もなくなるから、自然に経済もよくなる」――これが韓国の左派と文在寅政府の論理である。

そして、文在寅政府は北朝鮮の核兵器を廃棄することにも別に関心がない。同じ民族を攻撃するはずがないという、純真な信念を持っているからだ。

だからか、文在寅政府になって、韓国内では「北朝鮮が核を持っているのが現実なのだから、北朝鮮を核保有国として認めるしかない」という主張が強くなっている。

だが、「それは、韓国も核兵器を開発しなければならないという意味か」と訊くと、「それはダメだ」と言う。北朝鮮を刺激してはいけないという論理だ。韓国にはアメリカの核の傘があるのだから、それでも平気だと言っている。

核の傘があったとしても、北朝鮮が実際に攻撃をしてきた時、アメリカは自国の本土が攻撃される危険をおかして反撃してくれるだろうか？　今世界に広がっている自国中心主義やトランプ大統領の言動を見ると、アメリカが韓国を必死に保護するとは思えない。

もし、北朝鮮が延坪海戦の時のように局地的な挑発をしてきた時は、どうするつもりだろうか。過去に起こった他国の紛争を見ると、核兵器を持つ国とそうではない国の関係は、すべて後者が屈する結果で終わった。核兵器は実際には使うことができないと主張する人もいるが、実際に紛争が起こると、核兵器を持つ方が優位になるのだ。

つまり、核兵器を持っていない状況で核兵器を持っている敵と堂々と対決することは難しい。

それでも左派の中には「在韓米軍の撤収だけが朝鮮半島に平和をもたらす唯一の方法だ」と信じる人々がいる。米軍さえいなくなれば北朝鮮が攻撃してくる理由はなくなり、仲良く統一できると思っているのだ。

韓国がＴＨＡＡＤ（サード）システム（弾道弾迎撃ミサイルシステム）を導入したとき、左派が激しく反対したのはこのような考え方による。

ＴＨＡＡＤは、北朝鮮からの攻撃を防ぐために朴槿恵政府の末期に導入されたアメリカのシステムだ。しかし左派は、「ＴＨＡＡＤの配備は、韓国がアメリカと力を合わせて北朝鮮を攻撃するように見えるので良くない」と主張する。アメリカが北朝鮮との統一を邪魔しているというのだ。

これが典型的な「従北主義者」の考えである。普通の人の思考とは別世界だ。一般的な国民は、在韓米軍の撤収は自殺行為だと考えている。

しかし、左派政治家の中には従北主義者の思考回路を持つ人がかなり多い。

１９８０年代の大学生たちは民主化運動をする時、マルクス主義はもちろん金日成の「主体思想（チュチェ）」も勉強した。韓国の軍事独裁への反感が、北朝鮮への好感にまで発展したのだ。そして当時の学生たちが今政治家になって、国会議員や大統領に立候補しているのである。

左派は、在韓米軍が部隊の近所の住民たちと友好関係を築こうとする行事を開催すると、そこに行って反米デモをして、在韓米軍の士気を落とそうとする。

文在寅の大統領就任後、左派団体はアメリカ大使館を包囲する攻撃的なデモを行った。そして政府はそれを許容した。右派政府下ではありえないことだ。

いまや韓国ではニュースで「在韓米軍の撤収」という言葉を毎日聞くようになった。左派の反米運動は、在韓米軍が撤収するまでしつこく続くだろう。

文在寅の最後はどうなるか

文在寅の最後はどうなるだろうか。

２０１８年４月27日には北朝鮮の金正恩（キムジョンウン）と文在寅との南北会談という、大きな出来事があった。

現在の韓国のトップにいる極左の人々が11年ぶりの南北会議を実現させたのだ。彼らの最終的な理想は北朝鮮との統一政府を作ることで、それは韓国が共産化することを意味する。そして文在寅政府は、まるでそれを歓迎しているかのようだ。

政府はテレビ放送で金正恩を「良い人」と美化し、金正恩と彼の妻に丁寧な表現を使うように強制している。例えば、南北会談の時に金正恩と会った韓国の少年が「最初は恐ろしかったですが、直接会ってみると親切な人でした」と感想を言うシーンが長時間放送された。脱北して韓国に定着した人を北朝鮮に強制送還することも考えたが、これは反対意見が強かったのでキャンセルした。「まさかこの政府は、金正恩の権力を維持するために彼に仕えているのではないか」と疑う人さえいるほどだ。

2018年6月12日、アメリカのトランプ大統領は金正恩とシンガポールで首脳会談をした。会談では、今まではタブーだった北朝鮮の国旗がアメリカの国旗と並んで掲揚された。これは国際社会で国家元首として認められたい金正恩に対して、非常な好待遇だったと言える。

アメリカは一気に北朝鮮を非核化すると標榜しているが、それが不可能なのを知っている。だから北朝鮮への影響力を強めて、自然に平和が定着するという代案を考えているのだ。北朝鮮を信頼するというより、信頼するふりをしていると言ったほうが正しいだろう。

南北和解に邁進する

10章　文在寅

一方、トランプは米軍を使って韓国を守ることには関心がない。２国の関係が改善すれば、在韓米軍の撤収まではなくても、兵力を大幅に減らす可能性が高い。

そしてその後、朝鮮半島はまるごと中国の影響下に入る。アメリカよりも中国の方が左派の思想に合うし、中国の影響下にある方が北朝鮮との統一にも有利だ。これが韓国の左派のアイデアだ。

このアイデアはうまくいくだろうか。中国はどのような態度で臨んでくるだろうか。

金正恩と抱き合う文在寅

中国は韓国のＴＨＡＡＤ配備の際に、激怒してあらゆる分野で韓国を攻撃してきた。

中国に膨大な量を輸出していた韓国産化粧品はいきなり検査で不合格判定を受けて輸出を禁止された。韓国産のバッテリーを使った電気自動車に支給されていた補助金は中止され、サムスンＳＤＩやＬＧ化学に莫大な被害を与えた。中国の消費市場に23年間で１兆円を投資していたロッテマートは、中国政府の措置によって中国市場から完全に撤退させられた。

そして中国でも人気があった韓流コンテンツの放送

中止、韓国芸能人の中国での活動を許可しないなど、文化面でも徹底して禁止した。

中国がこのような報復を行った理由は、THAADの導入をきっかけにして韓国がアメリカのミサイル防御体系（MD）に入ることを牽制するためだったという。

そして海外貿易の大きな割合を中国に依存している韓国の特性上、自分たちが圧迫すれば韓国は降伏するしかないことを知っていたからでもある。

結局、文在寅政府は2017年11月、「THAADをこれ以上配置しない」「アメリカのミサイル防御体系（MD）に入らない」「アメリカ・日本との関係を軍事同盟に発展させない」という、3つの約束をして、中国との関係を回復した。国防政策の決定は主権国家の権利だが、それをあきらめて、中国のご機嫌をとったのだ。

文在寅は訪中した際に、数日間一人で食事をとらされるという侮辱を受けた。中国の警備員が韓国の記者が殴るという事件もあったにもかかわらず、文在寅は自国を「小さな国」と表現し、卑屈な態度を貫いた。

韓国の左派の人々は、アメリカとの関係を切った後は、中国がいると思っている。

だが、中国は左派が考えるような生易しい相手ではない。

文在寅政府になってから、中国の戦闘機による韓国への領空侵犯が頻発している。韓国を試しための挑発だろうが、韓国政府はもうあきらめた様子である。文在寅が望む通り米軍が撤収すれば、韓国全体はいずれ本当に中国の影響下に入ってしまうだろう。

そうなれば、文在寅の最後が良いか悪いかは些細な問題にすぎなくなる。


これはもはや韓国人の命と安全に関わる問題だ。

既存のどの大統領の下でも、これほどの不安を感じたことはない。左派が権力を握っていた金大中や盧武鉉の時代にも、これほど危機を感じたことはなかった。

もし今後政府のレームダックが始まれば、人々は「良い人が良いリーダーというわけではない」というマキャベリの君主論の教えを思い出すかもしれない。早い時点でそれができれば、他の指導者を選出して没落の道から脱出できるかもしれないが、今のままでは韓国という国そのものが悲劇的な末路をたどる可能性が高い。

韓国の歴代大統領はそろって悲劇的な末路をとげてきた。

もしかしたら文在寅は悲劇的な最後を迎えない大統領になるかもしれない。

しかしその代わり、国家全体が悲劇的な最後を迎えてしまうかもしれない。

笑うべきなのか泣くべきなのか、なんとも皮肉な状況である。

年	主な事件	大統領
1945	終戦・解放	
1947	国連監視下の朝鮮総選挙案採択	
1948	大韓民国樹立 朴正熙に死刑宣告	李承晩
1950	朝鮮戦争勃発	
1953	米韓相互防衛条約締結	

年	主な事件	大統領
1980	ソウルの春 5・18光州民主化運動（光州事件） 全斗煥大統領就任	全斗煥
1983	ラングーン事件	
1987	6月抗争及び6・29民主化宣言 大韓航空機爆破事件	
1988	盧泰愚大統領就任 ソウル夏季オリンピック	盧泰愚
1990	ソ連との国交樹立	
1992	中国・ベトナムとの国交樹立	
1993	金泳三大統領就任	金泳三
1996	全斗煥に死刑、盧泰愚に無期懲役求刑	
1997	通貨危機 全斗煥と盧泰愚を特別赦免	
1998	金大中大統領就任	金大中
1999	第1次延坪海戦	

年	出来事	大統領
1960	4・19革命 李承晩辞任・尹潽善大統領選出	尹潽善
1961	5・16軍事クーデター 朴正煕政権掌握	朴正煕
1963	朴正煕大統領当選	
1965	日韓基本条約調印	
1972	維新憲法成立	
1973	金大中拉致事件	
1974	文世光事件・陸英修死亡	
1979	釜馬民主抗争 朴正煕暗殺 崔圭夏大統領選出 12・12軍事反乱	崔圭夏

年	出来事	大統領
2000	第1回南北首脳会談	
2002	日韓サッカーワールドカップ 第2次延坪海戦	
2003	盧武鉉大統領就任	盧武鉉
2004	盧武鉉の弾劾が国会で可決	
2007	第2回南北首脳会談	
2008	李明博大統領就任	李明博
2009	盧武鉉死去	
2012	李明博竹島上陸	
2013	朴槿恵大統領就任	朴槿恵
2017	憲法裁判所が朴槿恵の罷免を決定 文在寅大統領就任	文在寅
2018	平昌冬季オリンピック 第3・4回南北首脳会談	

おわりに

ここまで読まれた読者は、韓国の大統領たちが悲劇的な末路をたどる理由について詳しく理解できたと思う。

もし韓国が日本やイギリスやドイツなどの一般的な国家のように内閣制を採択していれば、国家元首が良くない最後をたどることはないかもしれない。内閣制では国会議員の数により権力が分散されて、もっと安定的な国家の運営が可能だからだ。

だが、韓国は大統領制を採択している。大統領制は1票でも多く得票した政党がすべての権力を握るシステムである。逆に言えば、大統領選挙で負けた政党はすべての権力を失ってしまう。だから左派と右派の戦いは極端に激しくなり、中道の政治家たちは生き残ることができない。

アメリカも大統領制を採択しているが、各々の州が独立政府を持っているし、議会の権力が強いため、大統領が勝手に行動することができない。だが韓国では大統領が国家を絶対権力で支配することができる。

このようなシステムでは、右派が勝利すれば国全体が右派の世界になり、左派が勝利すれば左派の世界になる。朴槿恵の時代にはまるで社会全体が右派に支配されたような気がした。崔順実ゲートにより右派が権力を失った今は、平等や労働や人権などの思想がマスコミを席巻し、社会全体が左派に支配されている気がする。

韓国の左派が他国の左派と区別される点は、強い民族主義だ。

一般的な国家では民族主義は右派の思想だが、韓国では逆だ。韓国の左派は北朝鮮との統一を第一の目標としている。その理由はただ、北朝鮮が「同じ民族」だからだ。左派の中には「北朝鮮によって統一されても、統一は統一ではないでしょうか」という人もいるほどだ。

統一のためには何を犠牲にしてもいい。たとえそれで資本主義と民主主義を失う結果になるとしても、統一さえできれば万事オーケーである。そして、同じ民族同士で一つの国を作るためには、まずアメリカという邪魔者を追い出す必要がある——。現在権力を握っているのは、このような思考回路を持つ人たちである。

文在寅政府が危険な理由はここにある。自分たちの思想にあまりにも耽溺し、米軍が朝鮮半島から撤収すれば中国に支配される運命にあることを考えていない。

おわりに

韓国の左派政府は北朝鮮を信頼している。だが、北朝鮮が核を諦めず密かに開発を続けていて、それが将来的に分かれれば、韓国の左派が権力を握り続けることは難しくなる。

今の左派の権力は朴槿恵という愚者の大きな過ちによる偶然の結果にすぎない。急速に経済が悪化する中で北朝鮮にまで裏切られれば、左派に投票する人はいなくなるだろう。そうなれば、文在寅は最悪の大統領という評価を受けるようになるだろう。

本書が、リーダーの資質がどれほど重要か、またリーダーを牽制するシステムがどれほど重要かを読者が考える機会になれば幸いである。

本書の企画から完成までを担当してくださった柴田智美さんの役割は大きかった。彼女の努力に感謝したい。そして本書の完成までサポートしてくださった彩図社の皆さんと社長の山田有司さんにも感謝したい。

黄成京

【写真提供】
・33ページ
Yonhap/アフロ
・55ページ
YONHAP/アフロ
・37ページ・129ページ・210ページ・221ページ
YONHAP NEWS/アフロ
・45ページ
中央日報提供／時事通信フォト
・50ページ
ＵＰＩ・サン＝共同通信社
・61ページ・79ページ
AP/アフロ
・75ページ・99ページ・197ページ・215ページ・235ページ
ロイター/アフロ
・103ページ
GAMMA/アフロ
・123ページ・169ページ
共同通信社
・125ページ
HIRES CHIP/GAMMA/アフロ
・145ページ
代表撮影/ロイター/アフロ
・157ページ
DE MALGLAIVE ETIENNE/Gamma/AFLO
・174ページ
topic_3j/PIXT
・191ページ
©Korea.net / Korean Culture and Information Service (Jeon Han) and licensed for reuse under Creative Commons Licence
・205ページ
©Rep. of Korea, Defense Photo Magazine and licensed for reuse under Creative Commons Licence
・211ページ
©Greek Foreign Ministry and licensed for reuse under Creative Commons Licence
・243ページ
©South Korean Government
・261ページ
代表撮影/Inter-Korean Summit Press Corps/Lee Jae-Won/アフロ

【主な参考文献】

『韓国の現代史散歩』康俊晩（2014）
『サムスンを考える』金勇澈（2010）
『永遠なライバル金大中vs金泳三』イ・ドンヒョン（2011）
『朴正煕 評伝』ゾン・イングォン（2006）
『我々の中のファシズム』イム・ジヒョン（共著）（2000）
『韓国人に文化はあるか』チェ・ジュンシク（1997）
『市場を勝つ政府はない』ソ・サンモック（2003）
『縦横無尽韓国経済』金尙祚 （2012）
『朴槿恵、崩れる』ゾン・チョルウン（2016）
『朴槿恵現状』李哲煕（共著）（2010）
『朴槿恵弾劾事件宣告決定文』憲法裁判所（2017）
『全斗煥と80年代の民主化運動』ゾン・ヘグ（2011）
『1980年代全斗煥政権の樹立』キム・ヘンソン（2015）
『韓国の民主主義と社会運動』ゾ・ヒヨン（1998）
『金泳三政府の成功と失敗』ハム・ソンドク（2001）
『運命』文在寅（2011年）

【著者】
黄成京（ファン・ソンギョン）
1976年生まれ。韓国のソウル出身。
延世大学校政治外交学学科卒。
現在は政治・外交関連の翻訳家として働いている。

韓国人が書いた
韓国の大統領はなぜ悲劇的な末路をたどるのか？

平成 30 年 7 月　24 日　第一刷

著　者　　黄成京

発行人　　山田有司

発行所　　株式会社　彩図社
東京都豊島区南大塚 3-24-4
MTビル　〒 170-0005
TEL：03-5985-8213　FAX：03-5985-8224

印刷所　　シナノ印刷株式会社

URL：http://www.saiz.co.jp
https://twitter.com/saiz_sha

 ISBN978-4-8013-0313-3 C0022